COME APRIRE E AVVIARE UN BAR: LA GUIDA PER PRINCIPIANTI

Davide Balesi
Amerigo C.

INDICE

CAPITOLO 1: PREFAZIONE

Se avete comprato questa guida è perché volete avviare un'attività imprenditoriale legata alla somministrazione di alimenti e bevande, ma prima di cominciare la lettura, o meglio, lo studio del presente manuale, vi pongo una domanda abbastanza semplice, ma al contempo indicatrice delle vostre aspettative in merito all'avviamento e alla gestione di un bar: per quale motivo volete aprire un bar?
Le risposte a questo quesito possono essere molteplici, ma, nella fattispecie, sono ascrivibili a tre:

1) Per i guadagni.

2) Per non avere un superiore e gestire in modo indipendente il proprio lavoro.

3) Per vocazione.

Dalle vostre risposte io, ovviamente, non posso valutare la cantierabilità e soprattutto l'andamento futuro della vostra attività, ma posso solo dirvi che se avete scelto come prioritaria la terza risposta, ovvero la vocazione, intesa come predisposizione naturale alla gestione di un Bar e quindi attaccamento, dedizione e piacere nello svolgere quel tipo di attività, siete sulla strada giusta. Ogni lavoro che viene svolto con passione e dedizione porta all'ottenimento di risultati eccellenti. Se volete aprire un locale solo per guadagnare o peggio per liberavi da un lavoro che non vi aggrada, siete sulla via sbagliata.

Molti di voi avranno sentito di voci inerenti guadagni stratosferici ottenuti da alcuni bar, ma posso dirvi che questi appartengono alla minoranza e all'eccezione: la maggior parte dei bar non guadagna così tanto, le spese sono elevate e i margini di guadagno spesso si attestano dal 15% al 25% del fatturato lordo. Il costo della manodopera, nel nostro paese, è estremamente alto e anche se riusciste a cavarvela da soli, in qualsiasi caso, l'impatto delle tasse sulla vostra impresa sarebbe sempre gravoso. Con questo non voglio scoraggiarvi ma solo avvertirvi che se volete aprire un bar per il solo guadagno, di desistere. Mettendoci passione, serietà, impegno, un'idea imprenditoriale originale e avendo una spiccata capacità di gestire i rapporti con la clientela, si possono realizzare, nel tempo, guadagni interessanti.

Ogni tanto, molti ragazzi con un progetto imprenditoriale, chiaccherando con Amerigo (coautore di questa guida), nel suo bar, gli espongono i loro sogni e le loro speranze. Non è raro trovare il ragazzo che sostiene che un suo amico che ha aperto un bar in periferia, fattura più di 1000 euro al giorno senza aver alcun dipendente. La realtà, invece, è che la maggioranza dei locali ubicati in zona periferica e con una clientela gestibile senza assumere personale, guadagnano, mediamente, dai 250 ai 350 euro al giorno, anche se fare una stima precisa è molto complesso in quanto bisognerebbe considerare la tipologia di prodotto e quindi il valore medio dello scontrino che generano. Ovviamente, un bar che si differenzierà di molto dai concorrenti e che saprà esaudire i bisogni di un buon target di clientela potrà fatturare anche più di 500 euro al giorno. Prendiamo l'esempio di due soci che aprono un bar in una zona vicino alla stazione di una grande città, lavoreranno 26 giorni al mese fatturando molto sulle colazioni e su una ristorazione veloce a mezzogiorno, riuscendo anche nelle serate di venerdì e sabato a guadagnare da un aperitivo organizzato in modo impeccabile. Poniamo che il fatturato giornaliero sia intorno ai 400 euro e che non ci siano costi di personale (i due soci coprono interamente il fabbisogno), avremo, indicativamente, il seguente utile mensile:

400 euro moltiplicato per 26 giorni lavorativi = 10.400 euro. Con un margine di guadagno (indicativo) del 22%, si avrà un utile di 2288 euro. Quindi poco più di 1100 euro a socio. Gestire da soli un locale simile (che copre un arco temporale notevole) non sarebbe possibile e quindi in mancanza di un socio, sareste comunque costretti ad assumere un dipendente, anche part time. Molti gestori di locale guadagnano queste cifre, altri più del doppio. Un'idea più precisa potremo farcela con la redazione di un accurato Business Plan.

Se volete aprire un Bar per sfuggire da una
situazione lavorativa da dipendente e quindi per
non avere un "capo", sappiate che la gestione di
un bar presuppone il continuo confronti con altri
"capi": i clienti. E non tutti i clienti sono facili da
gestire, ci vuole un'innata capacità di
comprensione e la virtù della pazienza. Inoltre, le
attività nel settore della ristorazione e della
somministrazione di alimenti e bevande sono
molto impegnative: assorbiranno la maggior
parte del vostro tempo, anche 12 ore al giorno
per sei, sette giorni alla settimana (compresi i

festivi).

Se siete pronti a fare dei sacrifici enormi, lavorando anche sette giorni a settimana e dalla mattina alla sera e se, lavorare in un bar vi appassiona, questo è il manuale giusto per iniziare.

E ricordatevi che gestire un bar equivale a tutti gli effetti a gestire un'azienda. Né più, né meno.

Il presente manuale sarà strutturato in 8 capitoli

più una prefazione e una conclusione. Ci sarà una parte iniziale dedicata ai requisiti che bisogna possedere per l'apertura di un bar. Dato che per aprire un bar servono molti soldi, il terzo capitolo sarà dedicato interamente ai finanziamenti. Successivamente ci saranno due capitoli molto tecnici inerenti la redazione di un piano imprenditoriale che potrà darci un'idea della cantierabilità e della validità tecnica della nostra iniziativa imprenditoriale, ma soprattutto sarà un documento che eventuali finanziatori valuteranno per erogarci credito. Nel capitolo 6 verranno esaminate le principali società, da autonomi fino alle società di capitali, per avviare l'impresa. Terminata questa parte tecnica inizieremo ad addentraci nella valutazione del locale, partendo dall'ubicazione, passando per l'arredamento, fino al target di clientela e ai suoi bisogni. Nel capitolo 8 esamineremo brevemente le principali normative che devono essere rispettate per l'apertura e successivamente per la gestione di un locale. Nell'ultimo capitolo affronteremo l'aspetto della promozione e della pubblicità che serviranno per incrementare la nostra clientela e quindi il nostro fatturato.

Buona Lettura.

CAPITOLO 2: I REQUISITI PER APRIRE UN BAR

Per avviare un' attività di somministrazione di alimenti e bevande bisogna possedere requisiti di tipo morale e professionale. I primi indicano la presenza di una determinata condotta morale, difatti, la legge, giustamente, impedisce l'apertura di un bar a persone che hanno compiuti determinate tipologie di delitti. I secondi indicano invece la coerenza tra le nostre esperienze e il nostro percorso formativo rispetto alla capacità di gestire un bar.

Vediamo i requisiti morali, i quali devono essere posseduti anche da eventuali soci.

Il titolare di impresa individuale o il legale rappresentante, i soci e il preposto della società devono essere in possesso dei requisiti morali definiti nell'art. 71, comma 1 del Decreto Legislativo n. 59/2010, più precisamente non possono esercitare l'attività commerciale di vendita:

1) coloro che sono stati dichiarati delinquenti abituali, professionali o per tendenza, salvo che abbiano ottenuto la riabilitazione;

2) coloro che hanno riportato una condanna, con sentenza passata in giudicato, per delitto non colposo, per il quale è prevista una pena detentiva non inferiore nel minimo a tre anni, sempre che sia stata applicata, in concreto, una pena superiore al minimo edittale;

3) coloro che hanno riportato, con sentenza passata in giudicato, una condanna a pena detentiva per uno dei delitti di cui al libro II, Titolo VIII, capo II del codice penale, ovvero per ricettazione, riciclaggio, insolvenza fraudolenta, bancarotta fraudolenta, usura, rapina, delitti contro la persona commessi con violenza, estorsione;

4) coloro che hanno riportato, con sentenza passata in giudicato, una condanna per reati contro l'igiene e la sanità pubblica, compresi i delitti di cui al libro II, Titolo VI, capo II del codice penale;

5) coloro che hanno riportato, con sentenza passata in giudicato, due o più condanne, nel quinquennio precedente all'inizio dell'esercizio dell'attività, per delitti di frode nella preparazione e nel commercio degli alimenti previsti da leggi speciali;

6) coloro che sono sottoposti a una delle misure di prevenzione di cui alla legge 27 dicembre 1956, n. 1423, o nei cui confronti sia stata applicata una delle misure previste dalla legge 31 maggio 1965, n. 575, ovvero a misure di sicurezza non detentive.

Di seguito, invece,I requisiti professionali che attestano la nostra esperienza imprenditoriale o professionale nell'abito di attività del settore somministrazione alimenti e bevande. Il legale rappresentante o preposto della società deve essere in possesso di almeno uno fra i seguenti requisiti:

1) avere frequentato con esito positivo un corso professionale per il commercio, la preparazione o la somministrazione degli alimenti, istituito o riconosciuto dalle regioni o dalle province autonome di Trento e di Bolzano;

2) avere prestato la propria opera, per almeno due anni, anche non continuativi, nel quinquennio precedente, presso imprese esercenti l'attività nel settore alimentare o nel settore della somministrazione di alimenti e bevande, in qualità di dipendente qualificato,

addetto alla vendita o all'amministrazione o alla preparazione degli alimenti, o in qualità di socio lavoratore o, se trattasi di coniuge, parente o affine, entro il terzo grado, dell'imprenditore in qualità di coadiutore familiare, comprovata dalla iscrizione all'Istituto nazionale per la previdenza sociale;

3) essere in possesso di un diploma di scuola secondaria superiore o di laurea, anche triennale, o di altra scuola ad indirizzo professionale, almeno triennale, purché nel corso di studi siano previste materie attinenti al commercio, alla preparazione o alla somministrazione degli alimenti;

4) aver esercitato in proprio l'attività di vendita di prodotti alimentari per almeno due anni nell'ultimo quinquennio;

5) essere in possesso dell'iscrizione nel Registro esercenti il commercio per l'attività di somministrazione di alimenti e bevande, ottenuta prima del 4 luglio 2006, data di entrata in vigore del decreto legge n. 223/2006.

Per chi non ha intrapreso un percorso di studi nel settore alimentare o non ha maturato esperienza lavorativa in tale ambito vi è la necessita di frequentare un corso SAB (Somministrazione Alimenti e Bevande), ex REC, ovvero un corso di formazione per futuri gestori di attività legate alla somministrazione di alimenti e bevande.

I corsi devono essere svolti obbligatoriamente in aula, quelli online non hanno alcuna valenza legale. Spesso includono già il corso HACCP. I prezzi variano dai 550 euro agli 800, il monte ore varia da regione a regione (solitamente dalle 60 alle 130 ore), non permettono assenze superiori ad un determinato monte ore (20%) e prevedono quasi sempre delle ore di pratica tramite uno stage. Dopo un esame finale sarà rilasciato un attestato abilitante. I corsi SAB sono organizzati presso le camere di commercio o enti accreditati.

Per iscriversi ad un corso SAB bisogna possedere i seguenti requisiti:

Cittadini italiani:

- avere compiuto i 18 anni di età;

- diploma di scuola secondaria di primo grado.

Cittadini extracomunitari:

- avere compiuto i 18 anni di età;

- essere in possesso del titolo di studio equivalente a quello indicato per i cittadini italiani;

- capacità di espressione e di comprensione orale e scritta della lingua italiana, valutata attraverso un test d'ingresso (solo per i titoli di studio conseguiti all'estero);

- essere in regola con le normative vigenti in materia di permesso di soggiorno.

Il programma didattico di un corso SAB è articolato nei seguenti punti:

- riconoscimento merceologico ed etichettatura degli alimenti;

- manipolazione igienica e sicura degli alimenti;

- fisiologia degli alimenti e tecnologia della nutrizione;

- gestione sicura del luogo di lavoro;

- prevenzione incendi e adozione di procedure antincendio;

- avviamento e gestione finanziaria, amministrativa e fiscale dell'esercizio di somministrazione alimenti e bevande;

- organizzazione e gestione operativa dell'esercizio di somministrazione alimenti e bevande;

- legislazione del commercio, nozioni di legislazione fiscale e penale;

- marketing e comunicazione con il cliente;

Per trovare il corso più adatto a voi ricercate da Google, oppure richiedete gli enti accreditati presso la camera di commercio della vostra provincia.

Le licenze di contingentamento non esistono in più in quanto il mercato è stato liberalizzato dalla legge 248/2006 (decreto bersani), quindi, una volta che siamo in possesso dei requisiti professionali e ovviamente i morali, non ci resta che seguire questo iter per aprire la nostra attività:

- nei corsi SAB solitamente (come spiegato sopra) è incluso il corso HACCP, se non lo è, è obbligo conseguire l'attestato. In qualsiasi caso qualsiasi dipendente lavori nel locale deve avere frequentato un corso HACCP;

- individuare l'ubicazione (immobile) nella quale apriremo il nostro bar;

- far valutare da un geometra la giusta destinazione d'uso commerciale per l'attività che si intende aprire.

- costituire la società.

- presentare la SCIA (segnalazione certificata di inizio attività) allo sportello unico per le imprese;

Ovviamente, dato che le normative sono in continua evoluzione e tendono ad una semplificazione (tanto auspicata dai commercianti) è d'obbligo informarsi sempre con Confesercenti e la camera di commercio.

CAPITOLO 3: I FINANZIAMENTI

I requisiti li abbiamo, la buona volontà anche, ma dobbiamo valutare, per l'apertura di un bar, un fattore estremamente importante: i finanziamenti. Avviare un locale è spesso molto oneroso e poche sono le persone che dispongono di così tanto capitale proprio, la maggior parte dei futuri gestori si rivolge quindi a dei finanziatori esterni. Questi possono essere di tre tipi:

- privati;

- istituti di credito;

- finanziamenti pubblici a tasso agevolato o a fondo perduto;

I primi sono individui che già lavorano nel mondo dell'imprenditoria o che comunque dispongono di ingente liquidità da investire, cui si può proporre, tramite conoscenze o canali sul web, la bontà della nostra iniziativa imprenditoriale tramite un accurato e veritiero Business plan (capitoli 4 e 5). Iscrivetevi sul social network "Linkedin" che è un ottimo network che riunisce imprenditori e società, una sorta di Facebook dedicato esclusivamente al mondo del lavoro. Allargando la cerchia di conoscenze ed esponendo le nostre capacità, esperienze e progetti non è raro conoscere un futuro finanziatore del nostro progetto. Molti ragazzi sono riusciti, con questo metodo, a trovare finanziatori. Non proponetevi subito, cercate di acquistare la fiducia del futuro investitore in modo graduale e dosato. Chi investirebbe su uno sconosciuto?

Gli istituti di credito vogliono sempre valutare, prima di erogare il credito, il Business Plan dell'iniziativa. Richiedono però, oltre a tassi di interesse per la restituzione del prestito molto elevati, solide garanzie del soggetto preponente , per questa motivazione la maggioranza degli imprenditori non riesce ad ottenere credito. Un ottimo modo per avere un ente che assuma il ruolo di garante con la banca è quello di riferirsi ad un consorzio Fidi.
Confidi è un consorzio di garanzia collettiva, la cui attività consiste nel prestare garanzia alle piccole e medie imprese, che operano nel territorio italiano nei settori del commercio, dell'artigianato, dell'industria, dell'agricoltura e del turismo, al fine di facilitarne l'accesso al credito in maniera trasparente. Il consorzio si basa sul principio di mutualità.
Aderendo ad un consorzio fidi oltre ad avere un

agevolazione nell'accesso al credito, si riesce ad ottenere dagli istituti eroganti un tasso di restituzione agevolato.

Solo i consorzi accreditati dalle regione possono garantire presso le banche, presso il sito della banca d'Italia è possibile visualizzare l'elenco dei Confidi accreditati:

http://www.bancaditalia.it/vigilanza/regolamentati/albi-elenchi/confidi/consultazione-elenco

I consorzi necessitano di una quota d'iscrizione che, serve a copertura dei servizi erogati, ripartita in:

- quota associativa;

- quota fondo gestioni;

- quota fondo rischi;

Qualora l'associato si trova in situazione di insolvenza con la banca, interviene il consorzio fidi che, attingendo dal fondo rischi, copre una parte del debito (fino al 50% del debito residuo).

I confidi richiedono una quota associativa una

tantum intorno ai 500 euro e delle spese di istruttoria calcolate sull'importo del finanziamento da richiedere alla banca. L'accettazione della domanda di associazione non è automatica, difatti i consorzi valuteranno, ancora una volta tramite il Business Plan, la validità tecnica del nostro progetto.

Molte regioni istituiscono dei bandi per persone in difficoltà lavorativa (inoccupati, disoccupati o cassaintegrati) o giovani imprenditori, il cui scopo è fornire servizi di consulenza e formazione gratuita per la compilazione di un piano imprenditoriale valido e quindi una via d'accesso facilitato al credito agevolato con un consorzio. Uno di questi, per esempio, è il progetto "Start" indetto dalla regione Lombardia.

Se il nostro obiettivo è ottenere finanziamenti pubblici con contributo a fondo perduto o restituzione a tasso agevolato e siamo disoccupati o inoccupati, dobbiamo rivolgerci ad Invitalia, agenzia nazionale per l'attrazione d'investimenti e lo sviluppo d'impresa, ex sviluppo Italia.

Per legge, vengono considerati occupati e quindi non possono avvalersi dei contributi Invitalia:

- i titolari di rapporti di lavoro dipendente (a tempo determinato e indeterminato, anche a tempo parziale);
- i titolari di contratti di lavoro a progetto, intermittente o ripartito;

- i soggetti che esercitano una libera professione;

- i titolari di partita IVA, anche se non movimentata;

- gli imprenditori, familiari (nel caso di impresa familiare) e coadiutori di imprenditori;

- gli artigiani;

Per presentare la domanda il titolare della ditta individuale o, nel caso di società, almeno la metà numerica dei soci che detiene almeno la metà del capitale sociale o delle quote, deve essere:

- maggiorenne alla data di presentazione della domanda;

- non occupato alla data di presentazione della domanda;

- residente nel territorio nazionale alla data del 1 gennaio 2000 oppure da almeno sei mesi alla data di presentazione della domanda, nel rispetto della normativa comunitaria e nazionale vigente in materia;

L'ultimo requisito da rispettare è che la sede legale e operativa della società deve essere ubicata nel territorio nazionale.

Invitalia prevede la concessione di agevolazioni finanziarie (contributo a fondo perduto e mutuo a tasso agevolato) e di servizi di assistenza tecnica per tre tipologie di iniziative:

- lavoro autonomo,(in forma di ditta individuale), con investimenti complessivi previsti fino a € 25.823;

- microimpresa, (in forma di società), con investimenti complessivi previsti fino € 129.114;

- franchising, (in forma di ditta individuale o di società), da realizzare con Franchisor accreditati con Invitalia.

Il sito di riferimento è:

http://www.autoimpiego.invitalia.it/

Per quanto riguarda il lavoro autonomo, la ditta individuale deve essere costituita dopo la presentazione della domanda. Per quanto riguarda la microimpresa la società deve essere costituita prima della presentazione della domanda.

I franchising convenzionati e quindi finanziabili attualmente (rif. 2013) sono:

- Camomilla Italia;

- Lacaveja;

- Cellulopoli;

- Claro – dateci un'occhiata;

- l'Erbolario;

- Foto digital discount;

- K2 Chocolate;

- Mail Boxes etc;

- Materassi e materassi;

- Mercatino dell'usato;

- Natura si;

- Professione casa;

- Rosso sapore;

- Scorpion bay;

- Vitamin store;

- Yogurtlandia;

Possiamo inviare la domanda per la richiesta del contributo direttamente online e successivamente completa di dettagliato Business Plan entro 5 giorni dalla data del completamento online, con raccomandata a.r. a:

INVITALIA AUTOIMPIEGO
Via Pietro Boccanelli, 30
00138 Roma

Per quanto riguarda i contributi è agevolato l'intero territorio italiano. Entro sei mesi (non oltre) dalla data di ricevimento della domanda si verrà contattati dall'agenzia per un colloquio e si sarà quindi seguiti da un tutor per quanto riguarda l'avvio e il primo anno di gestione del locale. Anche se questa via sembra semplice in realtà non lo è: Invitalia prevede che l'investimento sull'attività venga fatto per almeno 5 anni, se per insolvenza si chiude l'attività prima dovremmo restituire (con gli interessi) l'intera somma che ci è stata finanziata. Inoltre si riceve subito un acconto del credito richiesto, ma il saldo viene erogato solo a presentazione delle fatture, in questo modo se si verificano ritardi di concessione del credito è l'imprenditore che deve anticipare il denaro (e non tutti, essendo l'iniziativa rivolta a persone in stato di disoccupazione hanno sufficiente liquidità).

CAPITOLO 4: REDIGERE UN SEMPLICE BUSINESS PLAN PER VALUTAZIONE PRELIMINARE

Creeremo un documento di testo con un editor, Microsoft Word o Writer del pacchetto Open Office. Poi andremo a convertire questo documento in un file pdf, in modo che risulti non modificabile.
Molte persone nutrono dubbi su quale lunghezza e su quale grado di dettaglio deve avere un Business Plan redatto bene. Sappiate che un Piano serio deve includere determinate voci e analizzare diversi aspetti dell'iniziativa imprenditoriale; non ci si deve preoccupare di annoiare gli eventuali lettori del Business Plan, dato che questi saranno i nostri finanziatori e sono convinto che siano ben disposti a investire tempo per esaminare il nostro progetto per poi decidere, eventualmente, di investire capitali.

Noi consigliamo di redigere prima di tutto un semplice Business Plan di partenza (di poche pagine) che eviscera l'idea imprenditoriale nei suoi aspetti più salienti e poi, partendo da questo documento, redigere il vero Business Plan dettagliato. Il Business Plan dettagliato deve esser sempre fatto controllare ad un esperto, commercialista o consulente, che darà una valutazione sulla validità tecnica dello stesso.

Andiamo a creare Business Plan di partenza: anche se questo non sarà quello definitivo da proporre agli investitori, dovrà comunque essere redatto in modo meticoloso dato che tutti gli eventuali soci o collaboratori del progetto dovranno rifarsi a questo. Inoltre, questo documento non sarà una perdita di tempo, ma un utilissima analisi dell'attività per verificare la fattibilità e la validità tecnica della stessa. Se già da questo piano di partenza si evince la mancanza di validità tecnica del progetto è inutile andare a sprecare ulteriore tempo nella redazione di un vero Business Plan, si devono invece, in tal caso, mettere in atto una serie di cambiamenti al fine di rendere maggiormente valido e produttivo il progetto. Nella stesura di un piano imprenditoriale bisogna adottare un atteggiamento imparziale e obiettivo, è inutile lasciarsi trasportare da eccessivi entusiasmi ed esagerazioni che poi non trovano conferme nella realtà. Gli investitori sanno selezionare i Business Plan (ne vedono centinaia al giorno) e notano subito una "esagerata" e poco veritiera validità tecnica.

Nella prima pagina del documento scriveremo:

BUSINESS PLAN
"TITOLO"
"SOGGETTO PROPONENTE"

Nella stessa pagina creeremo un indice:

Indice

- Posizione del locale e potenziale clientela

- Chi siamo

- Il concetto del progetto

- Organizzazione e promozione del locale

- Pianificazione finanziamenti

Analizziamo tutte le voci e i relativi contenuti.

Posizione del locale e potenziale clientela
In questo paragrafo andremo a spiegare dove
sarà ubicato il nostro locale e quale tipo di
clientela potrebbe, secondo noi, usufruire dei
nostri servizi. Ovviamente, non dobbiamo

inventare nulla: eccessivi slanci di ottimismo potrebbero, giustamente, indispettire gli eventuali finanziatori che ci etichetterebbero come imprenditori poco "concreti". Bisogna, invece, nei mesi precedenti la creazione di questo Business Plan, recarsi personalmente sul luogo dove si vuole aprire il locale e osservare il contesto sia nei giorni feriali, sia nei giorni festivi. Bisogna inoltre delineare quali aziende o negozi sono presenti, le abitudini del personale di questi (a che ora hanno la pausa pranzo? dove si recano di solito?). Bisogna osservare il bacino d'utenza della zona. E' necessario delineare, nelle giornate di sabato e domenica, quale target di persone passeggia o staziona maggiormente in quella strada e studiare le loro abitudini. Ed infine analizzare la concorrenza: chi sono? quanta clientela hanno e di che target? che servizi offrono rispetto a quelli che offriremmo noi? Bisogna diventare degli ottimi investigatori per delineare il contesto dove apriremo il locale, fare un po' come gli imprenditori cinesi che, prima di rilevare un'attività, si recano o mandano persone fidate ed esperte sul posto, al fine di verificare realmente (e non tramite scritture contabili che potrebbero essere appositamente "gonfiate") il vero volume d'affari di un'attività.

Quindi, cercate di porvi per ogni aspetto almeno

queste cinque domande:

1) Quanti negozi o aziende ci sono nella zona?

2) A che ora aprono o che turni di lavoro hanno?

3) Il personale dove mangia di solito? Hanno una mensa? (nel caso di un'azienda).

4) Che tipologia di negozi sono?

5) Sono aperti anche nella giornata di domenica?

Capirete da soli che, se aprite un locale in un centro storico, non ha molto senso aprire alle 5:30 di mattina per servire colazioni, se il personale dei negozi arriva verso le ore otto e se le prime persone di riversano nelle strade dopo le sette. Punterete sulle colazioni se sarete ubicati in un contesto in cui transitano possibili pendolari (vicinanza stazione) o persone che si recano al lavoro in automobile.

1) Nei giorni feriali quali target di persone passeggiano tra i negozi di mattina, pomeriggio e nel tardo pomeriggio?

2) Di sera quali sono le abitudini dei giovani della

zona?

3) La zona è turistica? Ci sono monumenti nelle vicinanze?

4) Ci sono maggiormente coppie o compagnie di ragazzi e ragazze? Qual'è la loro età?

5) Quali sono le abitudini dei clienti dei negozi e degli altri bar della zona?

1) Chi saranno i nostri concorrenti?

2) Su quali prodotti puntano la loro attività?

3) Qual'è la loro grandezza?

4) Da quanti anni sono aperti?

5) Si rinnovano di mese in mese o sono uguali da anni? (informarsi anche frequentando i suddetti locali).

6) Mediamente, quanti locali in affitto o in vendita ci sono nella zona?

Estremamente importante è anche analizzare la viabilità della zona e informarsi presso il comune di eventuali modifiche in progetto sulla viabilità. A volte, la creazione di una zona a traffico limitato può decretare il fallimento del nostro locale.
E comunque essere ubicati nei pressi o ai margini di un centro storico, non equivale ad "essere" nel centro storico. Solitamente, in questi luoghi ci sono grandi parcheggi che accolgono i visitatori: quanto disterà il nostro locale da questi parcheggi?

Vi facciamo l'esempio dell'analisi del contesto di un bar aperto a Roma:

"Il locale è situato in via... nelle immediate adiacenze della stazione Termini, la strada su cui si affaccia il locale è molto frequentata soprattutto dai pendolari che si dirigono alla stazione nelle ore mattutine. Il locale aprirà molto presto (ore 06:00) per permettere ai pendolari di usufruire della colazione.
Nella via ci sono diversi negozi (elencarne alcuni), solitamente il personale di questi pranza presso il bar situato a 300 mt. Il personale di questi negozi è prettamente femminile con un'età media di 30/40 anni. Il nostro locale fornirà a pranzo servizio di ristorazione a basso prezzo.

Nelle vicinanze c'è anche una scuola superiore e diversi giovani consumano panini dopo l'orario di fine delle lezioni, presso uno dei tre bar della zona.

La via, di mattina, è molto frequentata da casalinghe che si dirigono nei supermarket della zona a fare la spesa e, nel pomeriggio, da diversi studenti che frequentano i bar della zona. Di sera, l'affluenza di giovani è maggiore, nel week-end più che in settimana.

Il locale del nostro futuro bar non prevede la possibilità di mettere tavolini all'aperto.

Nella zona ci sono tre bar: uno di questi punta molto sulle colazioni, uno ha il punto di forza nel pranzo e l'altro è un locale destinato ad un target più giovane che usufruisce molto degli aperitivi, il locale in questione attira giovani anche per via della musica. Tutti e tre i locali sono stati aperti più di dieci anni fa. Il bar frequentato dai giovani ha anche 5 tavolini presenti all'esterno nella bella stagione.

Ci sono, inoltre, due ristoranti di cui uno fa anche da pizzeria. Questi locali sono scarsamente utilizzati per la pausa pranzo (non fanno menù di lavoro) e sono, invece, più affollati durante le sere del week end.

Per quest'anno e il prossimo non sono previsti cambiamenti della viabilità nella zona."

Chi siamo
In questa sezione dovrete spiegare brevemente le vostre competenze fornendo almeno queste informazioni:

1) Attuale occupazione lavorativa vostra e dei soci (se presenti).

2) Esperienze lavorative passate nell'ambito di bar o locali aperti al pubblico.

3) Corsi di formazione frequentati inerenti la tipologia di attività.

4) Come le vostre competenze e quelle dei vostri soci (se presenti) possono portare un valore aggiunto alla competitività e produttività del locale.

Ecco un possibile esempio di come redigere questa sezione:

"I soci che che comporranno la compagine sociale del locale sono: (nomi).

Io ho lavorato per dieci anni fino all'anno scorso come commesso presso un grande negozio di elettrodomestici (nome), ho quindi un'ottima dialettica e una spiccata capacità di gestire i clienti, inoltre ho frequentato un corso di 18 ore (con attestato) con specializzazione in tecniche di vendita e negoziazione.

L'altro socio (nome) è un barista professionista, ha infatti lavorato per dodici anni presso un bar (nome) e, di sera, nei week end, presso una famosa discoteca della zona (nome). Sa gestire i fornitori e tutte le richieste dei clienti a livello di servizi.

L'ultimo socio (nome) è diplomato presso la scuola alberghiera di Roma (nome) e ha lavorato per due anni come pizzaiolo presso la pizzeria "nome". Sa comporre menù di semplice e media difficoltà e sa lavorare sotto ritmi pressanti.

Tutti e tre abbiamo frequentato il corso SAB e sappiamo, quindi, come dirigere con efficacia tutti gli aspetti di un bar."

Il concetto del progetto

In questa sezione dovrete elencare quali saranno i punti di forza del vostro locale, su quali aspetti si baserà il business e le innovazioni concrete che renderanno il vostro bar competitivo rispetto alla concorrenza. Inserire prodotti a chilometro zero e biologici, ovviamente, renderà il vostro locale ecosostenibile e otterrà maggiore riscontro da parte dei fruitori (clienti) e da parte degli investitori. Dovete mettere la soddisfazione del cliente al primo posto, dovete redigere e sviluppare l'idea del locale con al "centro" il cliente. La soddisfazione del cliente dovrà essere la vostra soddisfazione.

Quali bisogni avranno i vostri potenziali clienti? Voi, a livello di prodotti e servizi, come potete soddisfarli?

Ecco un semplice esempio:

" Il nostro locale avrà come punto di forza la ristorazione diurna. Proporremo al fianco di panini, piadine e focacce farcite, una serie di pizze con diversi ingredienti. Inoltre, proporremo dei menù dietetici a base di insalata e prodotti poco calorici (a pranzo ci saranno, verosimilmente, molte commesse provenienti dai negozi limitrofi). Inoltre avremo in menù, ogni giorno, almeno due primi, due contorni e due secondi e concluderemo il pranzo offrendo una selezione di almeno tre dolci (elencare tipologia piatti). La mattina per le colazioni offriremo diverse qualità di caffè (elencare) e delle ottime brioches e preparati di pasticceria che verranno forniti da …

Offriremo un'ampia selezione di vini a chilometro zero: (elencare).

Offriremo una grande varietà di birre alla spina: (elencare).

Nella preparazione dei cibi, cercheremo di utilizzare in maggioranza prodotti biologici certificati e questo sarà uno dei punti di forza del nostro locale."

Organizzazione e promozione del locale

In questa sezione dovrete spiegare in modo dettagliato l'organizzazione del locale: i turni di lavoro e anche le mansioni, il personale e i turni di lavoro, il numero di dipendenti presenti per ogni giornata lavorativa e, ovviamente gli orari e i giorni di apertura del bar. Inoltre, sempre in questa sezione, spiegherete come volete organizzare la promozione del locale: mezzi (radio, giornali, etc) e modalità.

Ecco un esempio per redigere la seguente sezione.

"Il locale aprirà alle ore 06:00 per preparare le colazioni, poi ci concentreremo molto sui pranzi e di sera chiuderemo verso le ore 21:00, in modo da fornire anche un piccolo aperitivo, accompagnato da ottimi cocktail, a partire dalle ore 18:00.

L'orario di apertura del locale sarà quindi:

dal lunedì al venerdì – 06:00/21:00
sabato e domenica – 08:00/21:00

Non sono previsti giorni di chiusura settimanale.

Per il momento, non necessitiamo di assumere dipendenti in quanto copriremo la settimana lavorativa nei seguenti modi (salvo picchi di lavoro e cause di forza maggiore):

io : sei giorni alla settimana, dalle ore 08:00 alle ore 19:00. Un giorno dalle 06:00 alle 21:00. Mi occuperò della gestione dei fornitori, del magazzino e di servire al banco.
Socio 1: sei giorni alla settimana, dalle ore 06:00 alle ore 21:00. Servizio al banco e cassa.
Socio 2: sei giorni alla settimana, dalle ore 08:00

alle 21:00. Cucina.

Ci sarà un unico giorno alla settimana (valuteremo quello con minore affluenza) dove resterò da solo per tutta la giornata.

Per quanto riguarda la pubblicità e la promozione, creeremo innanzitutto un sito internet dove, oltre a dare informazioni dettagliate sul locale, evidenzieremo particolari menù che prepareremo durante alcune giornate. Creeremo inoltre un profilo su Facebook e Twitter e creeremo ogni settimana degli eventi invitando i contatti della pagina a dare la loro conferma di partecipazione. Utilizzeremo anche la pubblicità a pagamento di Google Adwords e Facebook Ads. E utilizzeremo delle liste (newsletter) di contatti (richieste ai clienti) con le quali avviseremo, tramite mail o sms, di speciali serate o di particolari menù e prodotti disponibili. Utilizzeremo la stampa locale per farci scrivere un articolo sull'apertura e inaugurazione del nostro locale e ci affideremo ad un'azienda esterna per un servizio di volantinaggio postale ai residenti della zona. Potremmo, inoltre, al fine di incrementare l'affluenza, offrire un piccolo sconto a chi presenta un coupon che distribuiremo almeno una volta al mese ai clienti di passaggio."

Pianificazione investimenti

In questa sezione elencherete tutti i costi (con i preventivi) per la realizzazione del bar. Più queste spese preventivate saranno precise, meno rischi e problemi vi attenderanno durante la concretizzazione del vostro progetto. Dovrete considerare le seguenti voci di spesa:

- costituzione società (notaio, iscrizione registro imprese, commercialista);

- acquisto per licenza bar/tabacchi etc;

- spese di locazione;

- messa a norma del locale ,eventuale ristrutturazione (per la ristrutturazione, se in locazione, accordi per dividere gli oneri con il locatore);

- attrezzature;

- mobilio e arredamento;

- tasse (tasse partita IVA, tasse SIAE, tasse comunali);

- spese di copertura start- up attività (per i primi mesi quando le spese superano i guadagni);

Calcolate quindi il totale. Fate attenzione a calcolare sempre l'IVA nei preventivi, dato che questa pesa fino al 21%.

A questo punto bisognerà delineare le fonti dei finanziamenti, ovvero dove andremo a recuperare la liquidità per avviare il nostro bar. Divideremo tra:

- finanziamenti propri;

- mutui e prestiti banche e finanziarie;

- finanziatori esterni;

- finanziamenti pubblici.

Calcolare il totale degli investimenti.

Terminata la redazione del Business Plan preliminare, andremo a rendere attivo l'indice della prima pagina, ovvero cliccabile, in modo che si possa richiamare l'argomento interessato senza scorrere l'intero Business Plan. Per rendere cliccabile l'indice bisogna attribuire, con Writer, ad ogni titolo del capitolo lo stile "Intestazione 1"; mentre nell'indice basterà sottolineare la voce che si vuole collegare e, dal menù "inserisci", selezionare "collegamento", quindi "documento" e "intestazioni" e selezionare la voce da collegare.

CAPITOLO 5: REDIGERE IL BUSINESS PLAN

Se per farci un'idea generale della validità tecnica di un progetto possiamo fare affidamento ad un Business Plan semplificato (Capitolo 4), per proporre la nostra iniziativa imprenditoriale a finanziatori, privati o pubblici, dobbiamo redigere un Business Plan dettagliato che si rifà a determinati modelli di analisi del progetto.
Il modello che proporremo noi è largamente accettato da finanziatori privati (imprenditori) e pubblici, come l'ente per lo sviluppo delle nuove imprese (Invitalia, ex Sviluppo Italia).

La fonte che abbiamo utilizzato per creare questo modello è quella fornita da Sviluppo Italia, ora Invitalia.

Andiamo a creare il nostro documento con un editor di testo.

Nella prima pagina nel centro del documento scriveremo:

BUSINESS PLAN
SVILUPPO DI UN NUOVO PROGETTO

IMPRENDITORIALE
"TITOLO"
"SOGGETTO PROPONENTE"

Nella seconda pagina andremo a creare un indice attivo (cliccabile con link ipertestuali):

DATI DI SINTESI DEL PROGETTO:

L'IDEA DI IMPRESA

LA SOCIETA'

IL CONTESTO SOCIO-ECONOMICO, IL MERCATO E I CONCORRENTI

PROMOZIONE E MARKETING

IL PROCESSO PRODUTTIVO

ORGANIGRAMMA DELLA SOCIETA' E RISORSE UMANE

COSTI DELL'IMPRESA

INVESTIMENTI E FINANZIAMENTI

REQUISITI PER L'AVVIO DELL'IMPRESA

Alcuni finanziatori esterni a mutuo agevolato o a fondo perduto possono richiedere anche un conto economico previsionale dell'iniziativa. Conviene sempre chiedere informazioni in merito all'ente preposto, chiarendo la tipologia di attività che si vuole avviare.

La prima voce del Business Plan è una sintesi dei dati dell'iniziativa imprenditoriale. Compiliamo, quindi, una scheda riassuntiva del progetto:

DATI DI SINTESI DEL PROGETTO:

ENTE PROPONENTE:

Ragione sociale e forma giuridica

Data di costituzione

Capitale sociale sottoscritto

Numero soci

Partita IVA

Iscrizione CCIAA

Sede legale

Recapiti

RAPPRESENTANTE LEGALE

Nome

Cognome

Codice fiscale

Recapiti

DATI DI SINTESI DEL PROGETTO

Oggetto iniziativa

Settore di attività (codice ATECO)

Localizzazione

Investimenti previsti

Numero addetti a regime

L'IDEA DI IMPRESA:

La seconda voce del Business Plan è "l'idea di impresa".

In questa sezione dovrete elencare tutti gli aspetti della vostra iniziativa imprenditoriale: i punti di forza, la competitività e l'innovazione che il vostro locale porterebbe nel mercato, il target dei clienti, i mezzi di soddisfacimento delle esigenze della clientela, la politica di gestione dei clienti e le reali possibilità di guadagno del vostro bar rispetto al contesto in cui è inserito.

Siate sintetici ma, nello stesso tempo, esaurienti. Cercate di elencare anche alcuni prodotti che rendono diversa l'offerta del vostro bar rispetto ad altri della concorrenza, quale target di cliente possono soddisfare e in che modo.

LA SOCIETA':

La terza voce del piano imprenditoriale è "la

Società".

Ovviamente le capacità, l'esperienza e le attitudini dei soci e dei collaboratori della società decretano spesso il successo o, al contrario, il fallimento di un'attività imprenditoriale. In questa sezione è essenziale descrivere le competenze dei soci per l'avviamento e la gestione di un bar. Elencheremo quindi per ogni socio:

Nome e cognome.

Data di nascita.

Luogo di nascita.

Luogo di residenza.

Quota di capitale sociale posseduta.

Ruolo all'interno della società.

Dopo questa breve scheda descrittiva, elencheremo le caratteristiche dell'impresa:

Ragione sociale e forma giuridica.

Sede legale e operativa.

Dati sull'omologazione da parte del tribunale (tribunale, data e numero).

Partita Iva e codice fiscale.

Deposito alla CCIAA (luogo, numero e data).

Capitale sociale totale, sottoscritto e versato.

Eventuali quote e percentuali tra soci.

Settore di attività.

Elencheremo successivamente, tramite una tabella sintetica, il curriculum vitae dei soci, attraverso le seguenti voci:

Formazione scolastica e formazione attraverso corsi (elencare tipo di qualifica, anno di conseguimento ed eventuale possesso di attestato).

Le esperienze professionali e lavorative (durata contratto, azienda e mansione).

Competenze informatiche (programmi e grado di conoscenza), conoscenza lingue straniere (tipo e grado).

Elencare (se connessi in qualche modo al tipo di attività proposta) eventuali interessi extra lavorativi.

Alla fine della sezione elencheremo in una piccola tabella le caratteristiche del curriculum che rendono performante, con un voto da 1 a 10, ogni socio per l'apertura e la gestione del bar. E una tabella con i requisiti fondamentali.

Esempio:

Caratteristiche idonee al progetto imprenditoriale:

Antonio Alessi, ottima conoscenza tedesco, inglese e francese (parlato e scritto). Importanza: 8.

Alessandro Quintali, dal 22/05/2005 al 12/06/2011 barman presso il bar X. Importanza: 10.

Stefano Meneghini, frequentato i seguenti corsi : SAB e cucina livello 1,,2,3 (con attestati). Importanza: 9.

Requisiti fondamentali per l'avvio del progetto

imprenditoriale:

Stefano Meneghini, frequentato corso : SAB, 130 ore, regione X, presso ente Y.

IL CONTESTO SOCIO-ECONOMICO, IL MERCATO E I CONCORRENTI:

Nella successiva sezione andremo a descrivere il "il contesto socio-economico, il mercato e i concorrenti".

Il nostro bar sarà inserito in un preciso ambiente e la nostra capacità di interagire con esso decreterà il successo della nostra attività. Andremo ad analizzare la tipologia di cliente che compone il mercato di riferimento del nostro bar e le caratteristiche dell'ambiente che possono influenzare la nostra attività commerciale. La capacità dell'imprenditore è quella di scoprire quali fattori caratterizzano e influenzano il mercato nel presente e quali lo caratterizzeranno nel futuro; non si tratta di essere indovini, ma esperti conoscitori dell'ambiente socio-economico e delle leggi che lo dominano.

Caratteristiche dell'ambiente socio-economico in

cui opera la società:

Fattore, caratteristica o evento e grado di influenza (negativa o positiva da 1 a 10) sulla nostra società e possibilità di mutarlo.

Esempio:

"L'amministrazione comunale ha in progetto per l'anno prossimo la creazione di un senso unico nella via dove risiede la società. Influenza negativa : 8. Soluzione: potenziamento pubblicità del locale."

"Il bar XY, distante 300 mt dal nostro, chiuderà per cessata attività in data XY. Influenza positiva: 10. Vantaggio: acquisiremo la clientela fidelizzata di quel bar mediante XY."

Gruppi di clienti dell'impresa, tipologia di servizio o prodotto acquistato, portata di acquisto presente e futura dopo azioni della nostra impresa:

Tipologia cliente (età e caratteristiche).

Esigenze e bisogni della tipologia cliente.

Percentuale, rispetto al totale, della tipologia cliente.

Area geografica di appartenenza.

Percentuale di tipologia cliente che indicativamente usufruirà della nostra attività nell'immediato.

Strumenti per aumentare percentuale di acquisto e stima futura.

Esempio:

"Maschio età 20/30.
Ricerca di aperitivo, alcolici, musica, divertimento e relazioni interpersonali.
25% rispetto a tutta la potenziale clientela del locale.
Residenti nella città e nei comuni limitrofi.
50% usufruirà dell'aperitivo presso il nostro locale.
Con un'intensa promozione su Facebook Ads (riferito a target preciso) il 75% della tipologia cliente usufruirà dei nostri prodotti."

Infine, analisi della concorrenza:

Una ricerca accurata sulle imprese concorrenti, ossia che operano nel nostro mercato con prodotti uguali o simili ai nostri ma che hanno come target la nostra clientela, è indicatrice di una buona capacità imprenditoriale del proponente del progetto imprenditoriale.

Innanzitutto divideremo tra concorrenti reali e potenziali. I primi operano già nel mercato, i secondi potrebbero, per loro natura, operare in futuro.

Indicheremo per ogni impresa concorrente reale le seguenti caratteristiche:

Nome

Caratteristiche principali (prodotti offerti, numero dipendenti, tipologia società, fatturato stimato e ubicazione).

Caratteristiche positive e negative dei prodotti offerti.

Esempio:

"La caffetteria XY è una srl. Presente dal

02/10/1995, conta 10 dipendenti, è situata in via. Dal numero di clienti serviti fatturerà circa tot euro al giorno.

Caratteristica positive: i caffè sono di ottima qualità. Locale aperto sette giorni su sette.

Caratteristiche negative: la pasticceria servita è scadente."

Indicheremo per ogni impresa concorrente potenziale le seguenti caratteristiche:

Nome

Caratteristiche principali odierne e che potrebbe assumere (prodotti offerti, numero dipendenti, tipologia società, fatturato stimato e ubicazione).

Caratteristiche positive e negative dei potenziali prodotti offerti.

Esempio:

"Il negozio XY vende prodotti biologici ma ha intenzione di entrare nel settore caffetteria l'anno prossimo. Offrirebbe prodotti di ristorazione esclusivamente biologici.

Caratteristiche positive: potrebbe fidelizzare una buona percentuale di clientela femminile (per statistica più portata all'acquisto e alla fruizione di prodotti biologici).

Caratteristiche negative: la titolare non ha alcuna esperienza nel settore bar e caffetterie."

Ricapitolando nella seguente sezione:

1) Fattore, caratteristica o evento e grado di influenza (negativa o positiva da 1 a 10) sulla nostra società e possibilità di mutarlo.

2) Gruppi di clienti dell'impresa, tipologia di servizio o prodotto acquistato, portata di acquisto presente e futura dopo azioni della nostra impresa.

3) Analisi della concorrenza.

PROMOZIONE E MARKETING:

Nella prossima sezione andremo a elencare in dettaglio le strategie di promozione e marketing.

Il prodotto e il cliente:

Inizialmente andremo a descrivere i prodotti più importanti che venderemo nel nostro bar. Descriveremo brevemente il prodotto ed elencheremo a quale fascia di clientela si riferisce.

NOME PRODOTTO:

CARATTERISTICHE:

FASCE CLIENTELA MAGGIORE:

Ad esempio:

"NOME PRODOTTO: Birra Moretti.

CARATTERISTICHE: Birra alla spina bionda.

FASCE CLIENTELA MAGGIORE: maschio età 20-30."

I prezzi dei prodotti:

Andremo successivamente a discutere per i maggior prodotti il prezzo. Il prezzo è una variabile estremamente importante e deve essere fissato in base alla domanda del bene, all'offerta, quindi alla concorrenza e alla qualità. Un bene ha un prezzo più elevato quando la domanda è maggiore dell'offerta, quindi il prezzo decresce proporzionalmente all'aumentare dell'offerta rispetto alla domanda.
Se tutti i nostri concorrenti offrono la birra Moretti alla spina e la domanda di questa rimane appagata, il prezzo da fissare sarà basso. Se noi offriamo una particolare tipologia di birra e la domanda di questa inizia a crescere, potremo fissare un prezzo maggiore.
Un prezzo alto è spesso giustificato anche dalla qualità del prodotto, un biologico per esempio.

Elenchiamo la tipologia di prodotto, il prezzo unitario di vendita e il prezzo applicato dalla concorrenza.

PRODOTTO:

NOSTRO PREZZO:

MOTIVAZIONE DETERMINAZIONE PREZZO:

PREZZO CONCORRENZA:

Per esempio:

"PRODOTTO: Birra moretti alla spina, boccale 0,25 ml.

NOSTRO PREZZO: 3,50 euro.

MOTIVAZIONE DETERMINAZIONE PREZZO: la serviamo sempre accompagnata da una piccola porzione di olive.

PREZZO CONCORRENZA: 3 euro."

I mezzi pubblicitari:

Un altro aspetto da spiegare in modo dettagliato in questa sezione sono i mezzi pubblicitari: dovremo elencarne la tipologia, il prezzo e il successo che pensiamo sortiscano a livello di pubblicità.

MEZZO PUBBLICITARIO:

AZIONI:

PREZZO STIMATO:

TEMPO UTILIZZATO:

SUCCESSO STIMATO SU TARGET
CLIENTELA:

Esempio:

"MEZZO PUBBLICITARIO: sito internet.

AZIONI: realizzazione di un piccolo sito internet
informativo.

PREZZO STIMATO: 500 euro.

TEMPO UTILIZZATO: 1 ora a settimana per
aggiornare il sito.

SUCCESSO STIMATO SU TARGET
CLIENTELA: canale pubblicitario destinato a
clientela giovane e informatizzata che ricerca il
locale tramite motori di ricerca."

L'ultimo aspetto che andremo ad analizzare sarà il mezzo pubblicitario rapportato al prodotto e incremento delle vendite con promozione.

Marketing su specifico prodotto:

Elencheremo:

NOME PRODOTTO:

PREZZO:

MEZZO DI PROMOZIONE:

INCREMENTO VENDITE NEGLI ANNI:

GIUSTIFICAZIONE INCREMENTO VENDITE:

Esempio:

"NOME PRODOTTO: caffè biologico "XY". Una tazzina.

PREZZO: 1,20 euro.

MEZZO DI PROMOZIONE: Brochure e pagina fan su Facebook.

INCREMENTO VENDITE NEGLI ANNI:
1° anno: + 10 %
2° anno: + 15 %
3° anno: + 20 %
4° anno: + 30%
5° anno: + 40%

GIUSTIFICAZIONE INCREMENTO VENDITE: la tendenza al consumo di prodotti genuini come i biologici ha subito negli ultimi anni un incremento che inevitabilmente salirà per avere un picco altissimo nel 2020. Attraverso delle accattivanti e informative brochure vogliamo convincere i clienti fidelizzati al consumo di caffè eco-sostenibile. Creeremo una pagina fan sul social network Facebook per portare a conoscenza di tanti internauti il caffè biologico e le sue proprietà: molti di questi utenti saranno già presenti come contatti nel profilo personale del bar, quindi, geograficamente localizzati e di conseguenza potenziali clienti."

Un'altra sezione estremamente importante del Business Plan è il processo produttivo.

IL PROCESSO PRODUTTIVO:

Un piano dettagliato che descrive i processi che accompagnano i prodotti venduti, dall'ingresso nell'impresa, fino al cliente.

Fasi di processo:

Evinceremo le seguenti fasi di processo:

PRODOTTO:

FORNITORE:

TIPOLOGIA (materia prima, semilavorato, prodotto finito):

IMPIANTO UTILIZZATO NELLA TRASFORMAZIONE:

Esempio:

"PRODOTTO: Caffè.

FORNITORE: Lavazza.

TIPOLOGIA (materia prima, semilavorato, prodotto finito): materia prima.

IMPIANTO UTILIZZATO NELLA TRASFORMAZIONE: Macina Caffè MD F automatico. Macchina caffè 3 gruppi, boiler 17 litri."

Inoltre indicheremo, in questa sezione, tutti i fornitori della quale decidiamo di avvalerci, riportandone le caratteristiche salienti.

FORNITORE:

NOME:

UBICAZIONE:

PRODOTTO FORNITO:

PREVENTIVO:

PUNTI DI FORZA:

DEBOLEZZE:

Esempio:

"FORNITORE: Alessi snc.

NOME: Antonio Alessi.

UBICAZIONE: Roma, via xy.

PRODOTTO FORNITO: brioches surgelate.

PREVENTIVO: preventivo allegato nr° 006.

PUNTI DI FORZA: qualità e consegna puntuale e giornaliera. (ore 06:00/06:30).

DEBOLEZZE: prezzo elevato."

Nelle sezione "ORGANIGRAMMA DELLA SOCIETA' E RISORSE UMANE" andremo ad elencare tutte le figure professionali che fanno parte dell'azienda e il costo dei dipendenti (se presenti).

In caso di diverse figure professionali è utile fare uno schema dell'organigramma, altrimenti, in caso di 2/3 persone, si possono semplicemente descrivere le mansioni e la funzione all'interno dell'impresa.

Molto importante è redigere una sezione che

chiameremo "costi del personale". Qui elencheremo per ogni dipendente della nostra impresa le seguenti caratteristiche: matricola, qualifica, mansione, costo mensile in euro, costo annuale in euro.

Esempio:

"Matricola: 002.

Qualifica: barman.

Mansione: addetto al bancone, piccola ristorazione.

Costo mensile in euro: 2000.

Costo annuale in euro: 24000."

La terz'ultima sezione del Business Plan è rappresentato da "I COSTI DELL'IMPRESA".

Creeremo una tabella riassuntiva dei costi di funzionamento della nostra impresa. In questa tabella elencheremo le seguenti voci:

SPESE LEGATE A SOCIETA' (commercialista e tasse) – costo annuo.

SERVIZI (consulenze, opere sul locale) – costo annuo.

ATTREZZATURE - costo singolo e costo annuo totale.

MATERIE PRIME costo singolo e costo annuo totale.

UTENZE (telefono, gas, etc) – costo singolo e annuo totale.

CANONE DI LOCAZIONE – costo mensile e totale.

SPESE PER IL MARKETING – costo singolo e annuo totale.

SPESE PER IL PERSONALE - costo singolo mensile e annuo totale.

ASSICURAZIONI - costo singolo e annuo totale.

ALTRE SPESE (elencarne tipologia e importo).

La penultima sezione è rappresentata da

"INVESTIMENTI E FINANZIAMENTI".

Esamineremo prima gli investimenti descrivendone la tipologia, l'importo di investimento e l'anno in cui si realizzerà.

Investimenti:

TIPOLOGIA DI INVESTIMENTO (specificare se terreno, immobile, macchinario, attrezzatura, promozione, pubblicità, consulenza, etc).

IMPORTO INVESTIMENTO (specificare in euro e possibilmente con richiamo ad un preventivo).

ANNO REALIZZAZIONE (specificare l'anno in cui si realizzerà).

Meglio, per facilitare la lettura, creare una tabella.

Alla fine calcolare il totale degli investimenti e scriverlo sotto la voce "TOTALE INVESTIMENTI".

Esempio:

"ATTREZZATURE: bancone start up.

IMPORTO: 6000 euro, preventivo nr° 008.

ANNO REALIZZAZIONE: 2013"

Sempre in questa sezione andremo a delineare i finanziamenti con gli importi e le fonti.

Finanziamenti:

Con una tabella andremo a indicare i finanziamenti atti a coprire gli investimenti pianificati.

FONTE:

IMPORTO:

INDIVIDUO FINANZIANTORE:

CONDIZIONI:

Esempio:

"FONTE: mutuo bancario.

IMPORTO: 35.000 euro.

INDIVIDUO FINANZIANTORE: banca XY.

CONDIZIONI: da restituire con tasso di interesse EURIBOR 3 in cinque anni, rata di XY al mese."

Altro esempio:

"FONTE: finanziamento pubblico.

IMPORTO: 25.000 euro.

INDIVIDUO FINANZIANTORE: Invitalia.

CONDIZIONI: 12.000 a fondo perduto. 13.000 da restituire con tasso di interesse agevolato in due anni, rata da XY al mese."

L'ultima sezione del Business Plan riveste un aspetto fondamentale per la valutazione dei finanziatori: i requisiti per l'avvio dell'impresa. La mancanza o, al contrario, la presenza di questi indicano lo stato di avanzamento e il tempo di realizzazione dell'iniziativa imprenditoriale. Se non possediamo una determinata certificazione del comune dove andremo ad aprire il nostro locale, dobbiamo almeno sapere con esattezza i tempi di rilascio di questa.

REQUISITI PER L'AVVIO DELL'IMPRESA:

TIPOLOGIA (specificare la natura del requisito).

PRESENZA REQUISITO (specificare se già presente, richiesto o da richiedere).

DATA RILASCIO REQUISITO (specificare quando è stato richiesto e quando sarà ottenuto il requisito).

Esempi:

"TIPOLOGIA: apertura partita iva e costituzione società.

PRESENZA REQUISITO: si.

DATA RILASCIO REQUISITO: atto notarile del 20/08/2011."

Una volta terminato il Business Plan lo si deve necessariamente far revisionare ad un esperto, meglio se commercialista che andrà ad esaminare, per il tipo di locale che desideriamo avviare, la presenza corretta ed esauriente di tutti i dati richiesti dai finanziatori.

CAPITOLO 6: LE SOCIETA'

Tutti noi abbiamo un codice fiscale che ci identifica, la partita IVA è invece un codice che identifica un'impresa. Quando ci accingiamo ad avviare un'attività lavorativa autonoma e finalizzata al guadagno diventiamo per lo stato un'impresa. Assumiamo, aprendo un'impresa, diversi obblighi fiscali e quindi contributivi verso lo stato. Giustamente chiunque generi un profitto deve su questo pagarci le tasse. Come lavoratoti autonomi o soci di una società saremo identificati da una partita IVA univoca.

Quando decidiamo di aprire una partita IVA, valuteremo la forma giuridica che contraddistinguerà la nostra impresa e che deve essere ascrivibile a una di queste:

- ditta individuale;

- impresa familiare;

- società SNC;

- società SAS;

- società SRL;

- società SRL a socio unico;

- società SRL semplificata o SRL a capitale ridotto;

- società SPA;

- società cooperativa.

Vediamo forma, vantaggi, svantaggi e formalità per ogni tipologia di impresa:

La ditta individuale: la scelta di avviare un'attività lavorativa autonoma sotto forma di ditta individuale è l'opzione più semplice e meno onerosa. La creazione della ditta prevede l'attribuzione di una posizione di partita IVA e l'iscrizione presso il registro delle imprese. In questa tipologia di impresa l'imprenditore è l'unico responsabile. Il patrimonio personale dell'imprenditore diventa il patrimonio dell'impresa, ovvero, in caso di perdita economica, l'imprenditore risponde con tutti i beni e tutto il denaro posseduto.
Gli obblighi fiscali a cui l'imprenditore deve adempiere sono: IRPEF, IRAP e IVA.

Vantaggi:

- costituire l'impresa è semplice;

- l'impresa può essere avviata in tempi molto brevi;

- autonomia decisionale;

- tenuta molto semplificata della contabilità.

Svantaggi:

- l'imprenditore risponde dei debiti con l'intero patrimonio personale;

- minori spese deducibili dal reddito IRPEF e maggiore tassazione in caso di utile cospicuo;

Iter di costituzione:

- per l'attribuzione della partita IVA fare la denuncia all'agenzia delle entrate entro un mese dall'inizio dell'attività;

- iscrizione al registro delle imprese presso la camera di commercio della provincia in cui l'impresa avrà sede legale;

- richiesta permessi e licenze di qualsivoglia natura;

- iscrizione INAIL e iscrizione INPS.

Impresa familiare: l'impresa familiare è una variante della ditta individuale dove i familiari dell'imprenditore (figli, coniuge e parenti entro il terzo grado) prestano in modo continuativo la loro opera lavorativa nell'impresa. Il rischio finanziario grava comunque sul titolare dell'impresa e i familiari che prestano attività lavorativa. Per Legge (art.5 DPR 917/86) il 51% del reddito è del titolare, il resto viene diviso tra i familiari presenti nell'impresa. Vantaggi, svantaggi e iter di costituzione sono pressoché uguali alla ditta individuale. Ovviamente, se la portata di lavoro necessita di collaboratori e i familiari sono disponibili, questa forma d'impresa è un ottima scelta.

Società SNC: qualora, nell'apertura e nella gestione del nostro bar non saremo autonomi, sarà necessaria la partecipazione di soci e per legge, quindi, la costituzione di una società. Una forma societaria abbastanza semplice e poco onerosa (per quanto riguarda la costituzione) è la SNC (società in nome collettivo).

La SNC è una società di persone, ovvero una forma societaria dove le persone prevalgono sul capitale (società di capitali) e dove i soci rispondono dei debiti con l'intero patrimonio personale. La denominazione della società deve contenere almeno il nome di uno dei soci e l'indicazione della tipologia di rapporto (esempio Caffè Rossini di Antonio Crespi & C.). L'amministrazione della società e di conseguenza la sua rappresentanza legale spettano ai soci. Ogni accordo tra i soci va portato a conoscenza di terzi attraverso l'iscrizione nel registro delle imprese.

Vantaggi:

- meno obblighi formali e meno onerosa nell'avviamento e nella gestione rispetto alle società di capitali.

Svantaggi:

- i soci rispondono ai creditori con tutto i loro patrimonio personale.

Iter di costituzione:

- costituzione società con atto notarile e con la presenza di tutti i soci;

- richiesta del numero di Partita Iva;

- richiesta permessi e licenze di qualsivoglia natura;

- comunicazione inizio attività presso Camera di Commercio della propria provincia.

- iscrizione INPS e iscrizione INAIL per tutti i soci.

Società SAS: la società in accomandita semplice è una società di persone che può esercitare attività commerciale e non commerciale. Tale società, a differenza della SNC, si configura con due tipologie di soci: i soci accomandanti che rispondono delle obbligazioni contratte dalla società proporzionalmente alla quota conferita (una sorta di responsabilità limitata).
E i soci accomandatari che rispondono solidalmente ed in maniera illimitata per le obbligazioni sociali. Agli accomandatari sono

attribuite l'amministrazione e la rappresentanza della società.
I soci accomandanti sono esclusi dall'amministrazione della società (non possono prestare all'interno di essa attività lavorativa)

Vantaggi:

- meno obblighi formali e meno onerosa nell'avviamento e nella gestione rispetto alle società di capitali;

i soci accomandati rispondo ai creditori con una responsabilità limitata.

Svantaggi:

- i soci accomandatari rispondono ai creditori con tutto i loro patrimonio personale.

Iter di costituzione:

- costituzione società con atto notarile e con la presenza di tutti i soci. Nell'atto costitutivo della società dovranno essere espressamente indicati i soci accomandanti e accomandatari;

- richiesta del numero di Partita Iva;

- richiesta permessi e licenze di qualsivoglia natura;

- comunicazione inizio attività presso Camera di Commercio della propria provincia.

- iscrizione INPS e iscrizione INAIL per tutti i soci.

società SRL: la società a responsabilità limitata è una società di capitali per la quale i soci percepiscono utili in base alla quota di capitale conferito. Inoltre in caso di insolvenze i creditori possono avvalersi solo sul capitale sociale versato che equivale almeno a 10.000 euro (da qui il significato di responsabilità limitata).

Vantaggi:

- i soci rispondono ai creditori solo con il capitale versato. I patrimoni personali dei soci sono esclusi.

Svantaggi:

- molte formalità onerose nell'avviamento e nella gestione rispetto alle società di persone. E' previsto il deposito di un bilancio d'attività;

- costi di avviamento maggiori e capitale sociale da versare (su un contro corrente bancario fruttifero) pari ad almeno 10.000 euro, il 25% alla sottoscrizione dell'atto costitutivo.

Iter di costituzione:

- costituzione società con atto notarile e con la presenza di tutti i soci. Conferimento quota di capitale per futura divisione proporzionale degli utili;

- richiesta del numero di Partita Iva;

- richiesta permessi e licenze di qualsivoglia natura;

- comunicazione inizio attività presso Camera di Commercio della propria provincia.

- iscrizione INPS e iscrizione INAIL per tutti i soci.

società SRL a socio unico: il codice civile

prevede che una SRL può essere costituita anche da un unico socio e quindi con un atto unilaterale. Il conferimento dei capitale deve versato, ovviamente, dal socio unico, se non viene rispettata questa condizione, il socio risponde alle obbligazioni assunte in maniera illimitata.

società SRL semplificata: la SRL semplificata è una forma societaria a responsabilità limitata istituita nel 2012. Vi possono accedere solo giovani imprenditori fino ai 35 anni. Rispetto ad una SRL tradizionale non vi è l'obbligo di atto costituente dal notaio e si può versare un capitale sociale che parte da 1 euro fino a 9.999 euro. Indubbiamente questa società permette anche ai giovani senza ingenti liquidità di avviare un'impresa, ma di contro si rischia di non trovare finanziatori in quanto il capitale conferito non coprirebbe eventuali insolvenze.
In qualsiasi caso i costi per aprire una SRL semplificata, calcolata con due soci, nella fase si start up (per il primo anno) si aggirano attorno ai 7/8.000 euro (compresi INPS e INAIL):

- Inizio attività denuncia CCIAA (Camera di Commercio): 30 euro;

- INAIL e INPS 2 soci: 7200 euro;

- tassa concessione governativa: 170 euro;

- vidimazione libri sociali: 100 euro;

- diritti annuali Camera di Commercio: 200 euro;

- bolli annui libro giornale e inventari: 30 euro;

- costo deposito bilancio: 130 euro;

Società SRL a capitale ridotto: è una forma societaria simile alla SRL semplificata ma rivolta agli imprenditori con più di 35 anni di età. Costa però, a livello notarile, come una SRL ordinaria. Per quanto riguarda il capitale da conferire, come la semplificata, si parta da 1 euro per arrivare a 9.999 euro.

Società SPA: La società per azioni è una società di capitali, in cui le partecipazioni dei soci sono espresse in azioni. Il capitale sociale è frazionato in un determinato numero di titoli, ciascuno dei quali indica una determinata quota di partecipazione. Il patrimonio dei soci è svicolato da il patrimonio della società. La società per azioni, per l'ingente capitale sociale di cui dispongono, sono spesso appannaggio di grandi imprese di ristorazione come Autogrill.

Società cooperativa: una società cooperativa è una società costituita per gestire in comune un'impresa, obiettivo dell'impresa deve essere quello di fornire ai soci uno scopo mutualistico, ovvero beni e servizi per cui la stessa cooperativa è sorta.

In base alle proprie esigenze e disponibilità economiche si opterà per la creazione di una tipologia di impresa rispetto ad un'altra. Ovviamente quando non si vuole rischiare il proprio patrimonio personale e si può far fronte alla creazione di un capitale sociale, le società a responsabilità limitata restano l'opzione migliore. Vediamo indicativamente i costi di costituzione per le forme principali di società. I costi non sono precisi ma generici in quanto soggetti a continue variazioni.

Ditta individuale:

SPESE DI COSTITUZIONE

spese notarili: nessuna;

apertura partita IVA: 50 euro;

diritti camerali: 30 euro;

Totale spese costituzione: 80 euro.

GESTIONE DI SPESE ANNUALI

camera del commercio: 100 euro;

tenuta contabilità: variabile;

libri e registri contabili: nessuna;

spese INPS: 2.600,00 euro più conguaglio sul reddito;

Spese INAIL: variabili in base al rischio;

Totale spese di gestione annue di : circa 2.700 euro.

TOTALE SPESE PRIMO ANNO: 2.800 euro.

Impresa familiare:

SPESE DI COSTITUZIONE

spese notarili: 350 euro;

apertura partita IVA: 50 euro;

diritti camerali: 30 euro;

Totale spese costituzione: 430 euro.

GESTIONE DI SPESE ANNUALI

camera del commercio: 100 euro;

tenuta contabilità: variabile;

libri e registri contabili: nessuna;

spese INPS: 2.600,00 più conguaglio sul reddito;

Spese INAIL: variabili in base al rischio;

Totale spese di gestione annue di : 2.700 euro.

TOTALE SPESE PRIMO ANNO: 3.200 euro.

Società SNC:

SPESE DI COSTITUZIONE

spese notarili: 1500 euro;

apertura partita IVA: 50 euro;

diritti camerali: 130 euro;

Totale spese costituzione: 1.700 euro.

GESTIONE DI SPESE ANNUALI

Camera del commercio: 180 euro;

tenuta contabilità: variabile;

libri e registri contabili: nessuna;

spese INPS: 2.600 euro più conguaglio sul reddito per ciascun socio;

Spese INAIL: variabili in base al rischio;

Totale spese di gestione annue di : 2.800 euro.

TOTALE SPESE PRIMO ANNO MINIME: 4.500 euro.

Società SAS:

SPESE DI COSTITUZIONE

spese notarili:1500 euro;

apertura partita IVA: 50 euro;

diritti camerali: 130 euro;

Totale spese costituzione: 1.700 euro.

GESTIONE DI SPESE ANNUALI

camera del commercio: 180 euro;

tenuta contabilità: variabile;

libri e registri contabili: nessuna;

spese INPS: 2.600 euro per ciascun socio più conguaglio sul reddito;

spese INAIL: variabili in base al rischio;

Totale spese di gestione annue di: 2.800 euro.

TOTALE SPESE PRIMO ANNO MINIME: 4.500 euro.

Società SRL:

SPESE DI COSTITUZIONE

spese notarili: 2500 euro;

apertura partita IVA: 50 euro;

diritti camerali: 150 euro;

Totale spese costituzione: 2.700 euro.

GESTIONE DI SPESE ANNUALI

Camera del commercio: 450 euro;

tenuta contabilità: variabile;

libri e registri contabili: 350 euro;

spese INPS: 2.600 euro per ciascun socio più conguaglio sul reddito;

Spese INAIL: variabili in base al rischio;

deposito bilancio: 70 euro;

Totale spese di gestione annue di: 3.500 euro;

TOTALE SPESE PRIMO ANNO MINIME: 6.200 euro;

Vediamo come aprire una partita IVA.

La semplificazione delle pratiche burocratiche ci permette, oggigiorno, con lo strumento ComUnica di spedire in una sola pratica diversi adempimenti destinati a camere di commercio e altre amministrazioni: dal 1 aprile 2010 la Comunicazione Unica ha semplificato il rapporto tra le imprese e la pubblica amministrazione.

Anni fa gli aspiranti imprenditori adempivano ai propri obblighi nei confronti delle Camere di Commercio, dell'Agenzia delle Entrate, dell'INPS e dell'INAIL usando singole procedure per ogni ente. In base alla tipologia di impresa si utilizzavano moduli cartacei, sistemi telematici e presentazioni allo sportello per richiedere il codice fiscale e poi la partita IVA, per aprire posizione INAIL e richiedere l'iscrizione all'INPS e infine per chiedere l'iscrizione al registro delle imprese, potete immaginare la difficoltà ma soprattutto la lentezza di tutto il processo. Oggigiorno, con la Comunicazione Unica, valida a fini fiscali, assicurativi e previdenziali, tutte queste richieste possono essere assolte rivolgendosi ad un solo ente: il Registro delle Imprese. Grazie alla comunicazione efficace tra i diversi enti, la sola comunicazione deve essere inoltrata al Registro delle imprese.

La pratica di Comunicazione Unica è un modello contenete un documento con i dati del richiedente, l'oggetto della comunicazione ed un riepilogo delle richieste da inoltrare ai diversi enti.

Avremo quindi un documento che racchiude modelli per il Registro delle Imprese, modelli per l'Agenzia delle Entrate, modelli per l'INPS, modelli per l'INAIL e modelli per la SCIA (Segnalazione Certificata di Inizio Attività) indirizzata al SUAP (Sportello Unico delle Attività Produttive).

La pratica ComUnica siglata con firma digitale deve essere inviata all'ufficio del Registro delle imprese della camera di commercio di competenza che provvederà ad inoltrarla a tutti gli altri enti. Tutte le comunicazione del Registro delle imprese saranno inviate all'indirizzo PEC del richiedente. La PEC è un servizio gratuito che consente ai cittadini di dialogare con le Pubbliche Amministrazioni ed è d'obbligo per ogni imprenditore richiederla al seguente indirizzo internet: https://www.postacertificata.gov.it/home/index.dot.

La modalità più semplice per compilare e inviare le pratiche di ComUnica è ComunicaStarweb, che altro non è che un semplice servizio online. Con ComunicaStarweb la compilazione della pratica è guidata e i modelli vengono precompilati con i dati già esistenti nei registri camerali.
Al seguente indirizzo potete trovare questo utile strumento (non necessita di installazione di software):
http://starweb.infocamere.it/starweb/index.jsp

Quindi ricapitolando seguite i seguenti passi:

- compilate la richiesta di attribuzione partita IVA/Codice Fiscale;

- compilate la pratica per il Registro delle Imprese;

- completate la pratica di Comunicazione Unica inserendo anche i moduli INPS ed INAIL;

- per la validazione firmate digitalmente i documenti della pratica;

- inviate la pratica al Registro Imprese.

Con lo strumento Web Telemaco (dovrete richiedere le credenziali Telemaco sul sito del Registro delle imprese) invierete la pratica al registro delle imprese. Se nel corso della vostra attività necessiterete di modificare i dati dell'impresa lo farete sempre tramite la pratica ComUnica che ancora una volta inoltrerà la richiesta agli altri enti competenti.

Se non riuscite a compilare e spedire la pratica da soli potete rivolgervi ad un commercialista. Per informazioni, invece, potete consultare questa esauriente guida:
http://www.registroimprese.it/documents/10181/1 0582/GuidaComUnica/f6e5c550-8e48-423b-ad82-6d0d892e6701

CAPITOLO 7: SCELTA DEL LOCALE, DESTINAZIONE, POSIZIONE, ARREDAMENTO, TARGET DI CLIENTELA E RICAVI

Scelta del locale e destinazione d'uso: quando decidiamo la tipologia di attività da avviare abbiamo due opportunità: rilevare un bar già esistente o crearne uno nuovo. Nel primo caso tutto sarà facilitato, le licenze commerciali non esistono più, ma pagheremo, ovviamente, il valore del locale in base al fatturato giornaliero di questo. Se invece volgiamo creare un bar nuovo dobbiamo identificare un locale che abbia i giusti requisiti urbanistici, edilizi e soprattutto la corretta destinazione d'uso. In urbanistica si definisce destinazione d'uso di un immobile l'insieme delle modalità e delle finalità di utilizzo del manufatto edilizio. Le destinazioni d'uso sono: residenziale, commerciale e industriale. A noi interessa la commerciale. Si può cambiare anche la destinazione d'uso di un immobile richiedendo i necessari titoli autorizzativi: in mancanza di questi si genererebbe un abuso edilizio. Per verificare se un cambio di destinazione d'uso è possibile, bisogna fare riferimento alla normativa locale, ovvero, verificare se le norme di attuazione del vigente P.R.G. lo consentono per la zona in cui è ubicato l'immobile. La destinazione d'uso regola nei centri cittadini il rapporto tra attività commerciali e immobili residenziali, per questo non è consigliabile valutare bene un'eventuale cambio di destinazione che potrebbe entrare in conflitto con il piano regolatore del comune dove si intende aprire l'attività. Prima di aprire l'attività recarsi per richiedere informazioni presso il comune ove si intende aprire.

Oltre alla corretta destinazione d'uso un immobile dovrà essere in regola anche con i seguenti requisiti di agibilità:

- sorvegliabilità, ovvero l'accessibilità dei locali direttamente dalla strada o da altro luogo pubblico ai sensi del d. Ministero dell'Interno 17.12.1992 n. 564;

- rispetto dei parametri per l'eliminazione delle barriere architettoniche;

- secondo normative dei comuni, nel caso di orario protratto oltre le 22,00, rispetto dei limiti fissati per le emissioni rumorose, dimostrato attraverso la documentazione di impatto acustico;

- idoneità dei locali sotto il profilo igienico-sanitario;

- a seconda dei comuni sarà inoltre necessario disporre di parcheggi privati destinati ai clienti e sarà obbligatorio dimostrare l'entità dell'impatto sulla viabilità della zona interessata dall'intervento con la valutazione del traffico indotto dalla nuova attività.

Nei requisiti di agibilità rientrano anche i requisiti urbani che identificano l'impatto che la nostra attività avrà nel contesto preesistente. Una valutazione ponderata di questi requisiti ci eviterà dissidi con i residenti e con le altre attività commerciali già operative.

Se i bar e le attività già avviate non rispettano alcuni requisiti edilizi non importa, ma se ci accingiamo ad aprine una nuova, il locale dovrà essere perfettamente a norma, privo di barriere architettoniche, con locali ben identificati e strutturati secondo la destinazione d'uso. Ogni bar dovrebbe avere una dispensa utilizzabile come magazzino per alimenti e bevande, un deposito per prodotti e attrezzature per la pulizia; spogliatoi e servizi igienici del personale, ove presente, servizi igienici per il pubblico (2 unità divise per sesso oltre un determinato numero di posti a sedere) e infine un'eventuale zona per preparazioni alimentari. Il nostro bar dovrà possedere locali sufficientemente ampi da permettere un'agevole movimento del personale tra arredi e clientela. I locali devono essere a norma igienica per quanto riguarda la pulizia, le superfici dovranno essere facilmente disinfettabili. I locali inoltre dovranno godere di ottimale illuminazione e areazione.

Per aprire il locale sarà necessario presentare al SUAP (Sportello Unico Attività Produttive) del comune dove si intende avviare l'attività una SCIA (Segnalazione Certificata di Inizio Attività), corredata di planimetrie e documentazioni attestanti i requisiti. La SCIA è la dichiarazione che consente alle imprese di iniziare, modificare o cessare un'attività produttiva (artigianale, commerciale, industriale), senza dover più attendere i tempi e l'esecuzione di verifiche e controlli preliminari da parte degli enti competenti. La SCIA, ai sensi dell'art. 19 della legge 241/90, produce infatti effetti immediati. Ogni pubblica amministrazione destinataria di una SCIA deve obbligatoriamente accertare, entro 2 mesi dal ricevimento, il possesso e la veridicità dei requisiti dichiarati, adottando, in caso di riscontro negativo, i dovuti provvedimenti per vietare la prosecuzione dell'attività o sanzionare l'imprenditore che ha fornito dichiarazioni mendaci. La SCIA si trasmette, nella maggioranza dei comuni, in modalità telematica.

Per verificare che il locale scelto abbia tutti i requisiti richiesti sarebbe opportuno rivolgersi ad un geometra del comune ove è ubicato l'immobile per una consulenza: il tecnico verificherà la presenza dei requisiti e gli eventuali lavori da effettuare per la messa a norma, inoltre provvederà alla redazione dei documenti da allegare alla SCIA. I comuni richiedono preferibilmente documenti redatti da un tecnico, il fai da te, per risparmiare, in questo frangente diventa quasi impossibile da attuare.

L'ubicazione ideale del locale: la localizzazione del nostro bar sarà essenziale ai fii del successo del progetto imprenditoriale. Quando vi accingete a creare un locale o, a rilevarne uno già esistente, valutate le seguenti caratteristiche relative all'ubicazione:

Posizione ad elevato passaggio pedonale: ad esempio per i locali situati nei grandi centri cittadini che hanno un elevato bacino d'utenza. I centri storici delle grandi città che sono spesso isole pedonali hanno un affluenza pedonale, soprattutto nel week end, molto elevato, ciò si traduce in altissimi guadagni ma anche in un affitto mensile piuttosto elevato. Un locale situato vicino ad una stazione ferroviaria ha anch'esso un ottima posizione in quanto potrebbe sfruttare il traffico mattutino e tardo pomeridiano dei pendolari.

Posizione ad elevato passaggio veicolare: sono strade molto trafficate. Se decidete di aprire il bar in un contesto del genere dovete assicurarvi che il vostro locale sia ben visibile dalla strada, ma soprattutto, che sia dotato di un ampio e comodo parcheggio in modo da poter realizzare incassi interessanti a fronte di affitti dei locali, medio-bassi.

Posizione in zona industriale: in questo caso il nostro locale sfrutterà i molti dipendenti delle fabbriche limitrofe. Offrire delle ottime colazioni (a partire dalle 05:00 per soddisfare i bisogni di chi lavora su orario a turnazione) e una ristorazione veloce a mezzogiorno ci permetteranno di sfruttare appieno la locazione strategica. Nelle ore serali dei giorni feriali, i clienti saranno pochi. Ovviamente nel week end dovremmo incentrare, con una strategica promozione, il nostro business sugli happy hour e in generale sulle serate.

Numero vetrine e ampiezza: le vetrine di un bar sono molto importanti in quanto sono "uno sguardo" all'interno del locale, ogni persona di passaggio guarderà gli interni del vostro bar dalle vetrine e solo successivamente deciderà di entrare o meno. Le vetrine fanno la differenza tra un potenziale cliente e un cliente effettivo.

Presenza di spazio esterno per i mesi estivi: la possibilità di mettere qualche tavolo all'aperto o meglio sotto un dehor rappresenta un'ulteriore possibilità di guadagnare nei mesi primaverili ed estivi, privarsi di questa possibilità sarebbe un peccato. Per l'occupazione del suolo pubblico va richiesta preventivamente un'autorizzazione all'ufficio tecnico del comune competente. In molti centri storici esistono vincoli di tutela monumentale da rispettare. L'arredamento interno del locale deve essere in sintonia con l'arredamento esterno e questo deve integrasi perfettamente con l'ambiente urbano in cui è inserito.

Come scegliere la location più adatta? Semplice, in base alla tipologia di locale e a quanto siete disposti a spendere mensilmente per il canone di locazione. Alcuni centro storici di grandi città hanno costi proibitivi anche se garantiscono quasi sempre ingenti ritorni dall'investimento. Se nel vostro locale prevedete di organizzare serate con happy hour e musica ad alto volume dovrete obbligatoriamente spostarvi un po' fuori rispetto ai centri cittadini. Anche se il vostro è un locale di nicchia, un bar che distribuisce solo prodotti biologici per esempio, potete, a fonte di una pubblicità efficace, spostarvi in zone poche trafficate, il vostro locale sarà ricercato dagli stessi clienti a causa della scarsità d'offerta.

Un bar con due ampie vetrine situato in un grande centro storico, gestito in modo impeccabile, ovviamente, realizza quasi sicuramente interessanti guadagni.

Valutata la localizzazione della nostra futura attività dovremmo decidere se rilevare un bar già esistente o crearne uno da zero. Non posso dirvi con esattezza quali delle due opzioni è più conveniente, posso solo consigliarvi di vagliare sempre alcune importanti variabili. Acquistare un locale già esistente significa rilevare un'attività economica già avviata di cui si conosce il fatturato giornaliero, documentato dai bilanci annuali. Creare un'attività da zero significa, pur valutando bene con il Business Plan, non avere la certezza assoluta dei guadagni che si realizzeranno. Non esistendo più licenze (tranne in alcuni casi) il prezzo di un bar sarà stabilito in base al valore di "avviamento", ovvero il valore di tutto il lavoro che negli anni è servito per portare gli incassi del bar allo stato attuale.

Vediamo vantaggi e svantaggi della creazione di un bar partendo da zero:

Vantaggi:

- si può creare il locale, arredamento e stile, secondo le proprie specifiche esigenze;

- si riesce a rendere alla clientela l'immagine desiderata del bar.

Svantaggi:

- i tempi di realizzazione possono esser lunghi (alcuni mesi) perché divisi tra diversi specialisti;

- impossibilità di valutare con certezza matematica i guadagni.

Vediamo i vantaggi e gli svantaggi di rilevare

un'attività già esistente:

Vantaggi:

- avviamento e probabilmente introiti sicuri derivanti da clientela fidelizzata;

- certezza di un importo giornaliero di incasso.

Svantaggi:

- il costo a cui si deve fare fronte è spesso molto elevato in alcuni centri storici di grandi città;

-impossibilità di modificare radicalmente il locale, altrimenti ci di dovrebbe sobbarcare altri costi per mettere a norma vigente tutto il locale.

Quando decidiamo di rilevare un'attività possiamo fare una ricerca online o recarci presso un'agenzia immobiliare. Quando visitiamo il locale facciamo anche ispezionare da un tecnico che valuterà lo stato dei diversi impianti. Sarà nostro compito valutare bene lo stato generale dell'immobile: muri, presenza di muffe o crepe, stato delle attrezzature e del bancone. Ogni mancato controllo sarà una spesa che ci

dovremo sobbarcare nell'immediato futuro.
Ultimamente la concorrenza cinese sta
acquistano diversi bar nelle periferie delle grandi
città, questi imprenditori non fidandosi dei bilanci
forniti dai proprietari, mandano diversi
"esaminatori" che si recano presso l'attività per
diverse ore al giorno e per diverse giornate per
valutare l'effettivo introito e presenza costante di
clientela. Per essere puntigliosi, noi dovremmo
fare lo stesso!

Per l'acquisto del locale avvieremo quindi una
vera e propria trattativa in cui sarà nostro
compito verificare se l'importo che che chiede il
proprietario sia effettivamente il valore reale sul
mercato, possiamo confrontare i prezzi di attività
simili o cercare di contrattare al ribasso, per
vedere la reazione del proprietario. Una volta
raggiunto l'accordo ci si dovrà accordare per il
pagamento che, solitamente, viene rateizzato per
la presenza di un finanziamento che riguarda
l'acquirente. Il passo successivo è recarsi da un
notaio per la stipula del contratto.
Sappiate che se dovete ristrutturare il locale,
questi cambiamenti dovranno essere piccoli e
non sulla struttura stessa dei locali, in quanto
questo comprometterebbe lo stato delle vecchie
licenze e vi obbligherebbe a renderlo conforme
alle attuali normative

Se invece decidiamo di creare un bar da zero il primo passo da compiere è quello di selezionare un immobile con la giusta destinazione d'uso. Successivamente bisogna chiedere allo sportello del comune dedicato alle nuove imprese se ci sono norme o limiti che vietino l'apertura di locali di somministrazione di alimenti e bevande, per esempio retaggi delle vecchie licenze, precise disposizioni comunali per i centri storici. Creare un locale da zero a volte può sembrare l'opzione più lunga in termini di tempo e onerosa, ma spesso si riesce a creare un bar perfettamente in linea con le proprie idee e a renderle nel migliore dei modi alla potenziale clientela.

L'arredamento:

Abbiamo acquistato il locale e dobbiamo iniziare la progettazione dell'arredamento per rendere ai nostri clienti il concept che abbiamo studiato per il nostro bar.

Uno dei costi più alti che dovrete sostenere per avviare il vostro bar sarà rappresentato dagli elementi di arredo. L'elemento più costoso in assoluto sarà rappresentato dal bancone.
Se avete scelto un bar in una posizione strategica diverse persone passeggeranno

davanti alle vetrine e guarderanno l'interno del vostro bar, quel momento sancisce la differenza tra un potenziale cliente ed un cliente, per questo motivo vi avevo consigliato di acquistare un bar con due ampie vetrate. L'arredamento del locale racconterà un po' la storia del locale e darà al cliente un'idea dei prodotti che potrà trovarvi. Un'atmosfera calda e molto luminosa è perfetta per un bar che punta molto sulle colazioni mattutine, un arredamento semplice che richiama vagamente un ristorante offre l'idea di una buona ristorazione a mezzogiorno. Un locale con un atmosfera un po' elegante (non eccessivamente perché il lusso potrebbe essere associato ad un elevato costo delle consumazioni), magari leggermente lounge, darà l'idea di un bar ottimo per aperitivi e happy hour. L'arredamento del locale deve trasmettere la vostra idea di locale.

Essenziale è far entrare un potenziale cliente nel nostro locale, dovremo riuscire a trasmettere una sensazione di agio e comfort alla nostra potenziale clientela. Un bancone molto lungo darà l'idea di un ottimo posto per consumare una veloce colazione al banco senza sopportare lunghe file. Dei tavolini disposti in modo strategico e con delle sedute comode darà l'idea, ai clienti, di potere rilassarsi un po' di tempo

sorseggiando un ottimo cappuccino o altro. I
clienti devono trovarsi a proprio agio nel vostro
locale: non relegateli in postazioni scomode,
trattateli bene.

L'arredamento del locale deve essere si a misura
di cliente ma anche a misura del personale che
ci lavora. Il bancone deve avere una larga
pedana che permetta il passaggio di più persone.
La cassa deve esse posizionata in un punto in
cui l'operatore può comunicare con il barista. Il
percorso che il personale del bar deve compiere,
dai tavoli al bancone e viceversa, deve essere
semplice, agevole e privo di ostacoli.
Uno dei costi più alti che dovrete sostenere per
avviare il vostro bar sarà rappresentato dagli
elementi di arredo. L'elemento più costoso in
assoluto sarà rappresentato dal bancone.

Il bancone è l'elemento d'arredo più costoso in
un bar, oltre alla parte esterna, il bancone
comprende una parte interna e, quasi sempre,
una vetrina refrigerata. Il costo medio di un
bancone al metro quadro è 5.500 euro.
Solitamente la pedana del retro bancone è
rivestita di linoleum a bolle, solo questo
rivestimento può costare anche 30 euro a metro
quadrato. Evitate i banchi realizzati in truciolato
che risentono molto dell'umidità, optate sempre,

per la parte esterna del piano del bancone, per il granito (circa 40 euro a metro quadro). Esistono in commercio dei banchi start up abbastanza economici, con 13-15.000 euro possiamo acquistare un ottimo bancone. Vediamo un preventivo medio per l'acquisto di un bancone start up e di altri essenziali elementi di arredo:

Trasporto e montaggio: 800 euro.

Collaudo: solitamente incluso.

La garanzia solitamente si estende ad un anno dall'acquisto.

La consegna avviene in un mese.

Il bancone costa intorno ai 7.000.

Gli accessori costano:

kit 4 cassetti: 600 euro.

Luci led sul frontale: 120 euro.

Cassa appendice: 320 euro.

Lavello supplementare: 150 euro.

Antina sotto macchina caffè: 80 euro.

Mensola di consumazione: 160 euro.

Numero 15 sedie: 850 euro.

Numero 3 sgabelli: 240 euro.

Numero 5 tavoli: 735 euro.

Con l'IVA arriviamo a circa 13.500 euro.

Se volete arredare un bar completamente nuovo, il costo a metro quadro si aggirerà intorno a 650-750 euro per la parte accessibile al pubblico. Ovviamente questi sono prezzi medi, molte persone che non hanno badato a spese per l'eleganza hanno avuto costi intorno ai 1300 euro a metro quadro. Elementi di arredo di buona qualità dureranno per molto tempo, facendo apparire il vostro locale sempre in perfetto stato. Contenere molto i costi per l'arredamento ha senso se volete aprire un piccolo locale per poi cercare di cambiare location in futuro.

Se di giorno il nostro bar godrà di un'ottima luce naturale, nel tardo pomeriggio o alla sera dovremo giocare con le luci. Una giusta illuminazione può rivoluzionare l'atmosfera. L'illuminazione di un locale modifica il comportamento dei clienti. In un locale Lounge una corretta illuminazione dovrà farci respirare un'atmosfera calda ed avvolgente, in una caffetteria, invece, ci vuole una perfetta illuminazione per tutto il giorno: in questo caso trasmettere un senso di energia e vitalità diventa imperativo. Quando progettate l'illuminazione dovete pensare a quali elementi di arredo desiderate illuminare maggiormente, il bancone ovviamente dovrà godere sempre di un'ottima illuminazione.

Per cercare di ridurre le spese potreste utilizzare dei sistemi di regolazione automatica, oppure optare per l'acquisto di un impianto a Led, che a fronte di un investimento iniziale più alto, permetterà un risparmio nel medio termine.

Target di clientela: ovviamente ogni gestore di un locale che non sia espressamente di nicchia desidera attirare la maggior parte dei clienti (paganti) nel suo locale, ma spesso ciò non è possibile. Il target principale della clientela deriverà da diversi fattori tra i quali l'ubicazione del bar, la prevalenza di servizi offerti e l'arredamento e lo stile dello stesso.

Prendiamo un bar situato vicino ad una scuola elementare: avremo verosimilmente un grosso volume di consumo di colazioni dato dagli accompagnatori dei bambini e verosimilmente dalle consumazioni pomeridiane effettuate dalle madri che aspettano l'uscita dei bambini scuola. L'80% del fatturato si concentrerà nei giorni feriali, domenica avremo invece un forte calo delle vendite.

Un altro bar che basa la maggioranza del fatturato sui giorni feriali sono quelli situati in zone industriali o di uffici, solitamente questi bar oltre a guadagnare molto sulle colazioni, guadagnano parecchio sui coperti a mezzogiorno. Ci sono caffetterie che arrivano a fare anche 200 coperti a mezzogiorno e sono situate nelle adiacenze di grandi uffici.

I locali situati nei centro storici delle grandi città concentrano una grande fetta del fatturato nelle giornate di sabato e domenica, molti guadagnano sui coperti a mezzogiorno in settimana con i dipendenti degli esercizi commerciali e delle banche.

La tendenza attuale vede la clientela giovane privilegiare i locali lounge o comunque abbastanza eleganti: questi bar vengono associati ad elevate possibilità di conoscere gente e per un attimo danno l'idea, agli avventori, di essere in vacanza in una località turistica, anche se in realtà si trovano in una trafficatissima strada del centro di Milano.

Ricavi: per ricavo si intendono i soldi che un gestore di bar incassa dalla vendita di un prodotto.

La spesa è data dai soldi che il suddetto gestore ha speso per comprare quella merce.

Il guadagno, invece, è dato dal ricavo avuto dalla vendita meno la spesa effettuata in precedenza.

Ricavo - spesa = guadagno.

Ricavo - guadagno = spesa.

Potete esaminare un bar già avviato stimare dallo scontrino il ricavo giornaliero dell'attività. Ogni scontrino segue una numerazione progressiva e effettuando una consumazione a metà mattina e una a tarda sera, potete, vedendo i relativi numeri di scontrino, sapere quanti ne sono stati emessi e fare un calcolo approssimativo di scontrini emessi per ora. Conoscendo il valore di uno scontrino medio e il numero di scontrini si può calcolare un ricavo giornaliero indicativo del bar. Per locali che basano la maggioranza del fatturato sulle colazioni e sui caffè (un bar medio) avremo uno scontrino medio dato dal prezzo del caffè moltiplicato per 1,8, ovvero 1,70 euro. Il bar XY alle ore undici di mattina ha emesso 100 scontrini per un ricavo stimato di 170 euro, alle ore 18:00 gli scontrini emessi sono diventati 200, per un ricavo stimato di 340 e un utile, con un ottimo margine di guadagno del 25%, di 85 euro.

Se un'attività, invece, ha dei forti ricavi nella ristorazione a mezzogiorno avrà uno scontrino medio che si aggirerà attorno ai 4 euro (o più). 150 scontrini emessi alle ore 18:00 potrebbe, in questo caso, voler dire 600 euro di ricavo.

Essenziale per ogni gestore di bar è conoscere il concetto di food cost, ovvero di costo delle materie prime. Per aumentare la redditività di un bar bisogna necessariamente far leva sul costo delle materie prime e di conseguenza decidere il prezzo finale di vendita. Il calcolo del food cost di un prodotto si effettua dividendo il costo totale del prodotto per la quantità necessaria a realizzarlo.

Prendiamo l'esempio di un cocktail: la Pina Colada.

44 ml di rum 0,35 euro;
60 ml di latte di cocco 0,30 euro;
60 ml succo d'ananas 0,10 euro;
Totale: 0,75 euro.

Il food cost medio è intorno al 18-20% nel settore caffetteria, mentre nel settore cibo può arrivare anche al 30%.

CAPITOLO 8: PRINCIPALI NORMATIVE LEGATE ALL'ATTIVITA'

Normative fiscali, scontrini e registri: il registratore di cassa ha lo scopo di registrare, mediante l'emissione di un scontrino fiscale, ogni vendita effettuata nel nostro bar. Una copia di questo scontrino viene dato al cliente, l'altra impressa su un rotolo. Alla fine della giornata sarà obbligo dell'addetto alla cassa riportare l'incasso registrato sul registro dei corrispettivi, un apposito quaderno vidimato dall'ufficio delle imposte. Alla fine del mese il registro dei corrispettivi deve essere portato dal proprio commercialista che provvederà ad aggiornare il bilancio della nostra attività e quindi a calcolare l'ammontare dell'IVA mensile che dovremo pagare.

Lo scontrino fiscale è il metodo con cui l'agenzia delle entrate monitora i nostri guadagni e successivamente il carico fiscale che dovremmo pagare con le tasse. Ogni scontrino riporta:

- dati identificativi dell'esercente e dell'attività commerciale (denominazione, ditta o ragione sociale o cognome e nome);

- numero di partita IVA e ubicazione dell'esercizio;

- corrispettivo, data, ora di emissione e numero progressivo;

- logotipo fiscale "MF", seguito da una serie di lettere e numeri.

Ogni attività commerciale in cui è imposto l'utilizzo del registratore di cassa deve essere in possesso dei seguenti documenti:

- libretto di dotazione del registratore di cassa, composto da pagine progressivamente numerate in cui oltre ai dati dell'azienda, vengono annotate sia le variazione di ragione sociale sia le verifiche periodiche effettuate e trascritte dal tecnico autorizzato;

- registro dei corrispettivi giornalieri;

- registro per mancato o irregolare funzionamento del registratore di cassa, su cui andrà obbligatoriamente annotato l'importo totale pagato da ogni cliente;

- copia dei documenti relativi alla messa in servizio del registratore di cassa e ricevuta di ritorno della copia spedita all'Agenzia delle Entrate.

Ogni mancata emissione di scontrino e mancata registrazione nel registro dei corrispettivi comporta una sanzione equivalente al versamento del 100% dell'imposta evasa calcolata sul valore del prezzo di cessione del bene e comunque per un importo non inferiore ai 516 euro. La mancata emissione di scontrini ripetuta nel tempo può portare ud una sanzione accessoria consistente nella sospensione dell'attività fino a 1 mese.

Per quanto riguarda il registro dei corrispettivi possiamo acquistarlo in negozi che si occupano di cancelleria oppure richiederlo direttamente al nostro commercialista. In caso di controllo della guardia di finanza dovremo esibire i rotoli degli scontrini e il registro dei corrispettivi.

Normative sanitarie, normative dei locali e requisiti: le normative sanitarie rendono obbligatoria l'esistenza, nel nostro bar, di locali separati per dispensa per alimenti e bevande, magazzino per prodotti e attrezzature per la

pulizia, locale per preparazioni alimentari, spogliatoi e servizi igienici del personale.
Tutti i locali del nostro bar dovranno avere una determinata ampiezza, adeguata alla tipologia di attività e alla grandezza di questa. Ogni locale dovrà avere una superficie tale da permettere la giusta disposizione dell'arredamento e delle attrezzature, inoltre dovrà essere sufficientemente ampio da permettere l'ottimale svolgimento del lavoro del personale rispetto alla clientela. Ogni locale dovrà essere facilmente pulibile e disinfettabile, senza ostacoli e con una conformazione tale da impedire un accumulo di sporcizia.
I locali dovranno obbligatoriamente esser ben areati e illuminati.

Il locale adibito a magazzino per le merci dovrà essere dotato di idonee scaffalature agevoli da pulire e disinfettare. Il locale potrà essere anche all'esterno della struttura, purché sufficientemente vicino. I prodotti per la pulizia dovranno essere tenuti divisi dagli alimenti in altro apposito locale o in armadi. Il locale per la preparazione degli alimenti dovrà avere pavimento liscio e facilmente lavabile e disinfettabile e i vapori della cucina dovranno essere aspirati da apposita cappa. Devono essere presenti servizi igienici per il personale con antibagno che può fungere anche da spogliatoio e servizi igienici per i clienti, questi ultimi divisi per sesso se il locale è dotato di più di 50 posti a sedere.

Rivolgetevi sempre all'ASL competente per informazioni in merito ai requisti igienici e sanitari.

In qualsiasi caso per ottenere l'autorizzazione sanitaria per un'attività di somministrazione alimenti e bevande il locale deve rispettare indicativamente i seguenti requisiti:

- I locali destinati a servizi igienici ed a spogliatoi devono avere un'altezza
minima di m. 2,40;

- le pareti dei locali e quelli destinati a servizi igienici devono essere realizzati
in materiale lavabile fino ad un'altezza non inferiore a m. 2,00;

- i pavimenti di tutti i locali devono essere realizzati in materiale disinfettabile;

- tutti gli esercizi devono possedere uno o più servizi igienici dotati di lavabo con comando non manuale per l'erogazione dell'acqua, di erogatore di sapone liquido o in polvere, di asciugamani a perdere o ad emissione di aria, con porta dotata di chiusura automatica;

- almeno un servizio igienico dovrà essere adeguato alle disposizione in merito all'abbattimento delle barriere architettoniche;

- in tutti i locali devono essere garantiti idonei sistemi di ventilazione naturale o in alternativa meccanica;

- gli esercizi devono essere dotati di acqua potabile proveniente da acquedotto pubblico;

- le vetrine di esposizione degli alimenti non confezionati devono essere accessibili solo da parte dell'addetto, deve inoltre essere presente, in modo visibile anche dai clienti, un termometro per il controllo della temperatura interna della vetrina, quando trattasi di vetrine a temperatura controllata;

- le celle, gli armadi e i banchi frigoriferi devono essere dotate di termometri a lettura esterna;

- tutti i contenitori per i rifiuti devono essere

muniti di coperchio con
apertura non manuale;

- al fine di evitare la contaminazione da parte
della clientela dei prodotti
alimentari esposti in evidenza deve essere
previsto un sopralzo di vetro in
modo che i clienti possano vedere la merce
senza possibilità di toccarla.

Rivolgetevi sempre all'ASL per avere
informazioni in merito ai requisiti igienico-sanitari.

Normative sanitarie HACCP: L'HACCP (Hazard
Analysis and Critical Control Points,
letteralmente "Analisi del Pericolo e Punti Critici
di Controllo") è un sistema che previene i pericoli
di contaminazione alimentare. Esso si basa sul
monitoraggio costante dei punti della lavorazione
degli alimenti in cui si prospetta un potenziale
pericolo di contaminazione sia di natura biologica
sia di natura chimica o fisica. La finalità
dell'HACCP è quella di individuare ed analizzare
pericoli e mettere a punto sistemi adatti per il loro
controllo.

L'HACCP non è un sistema di controllo, ma di
autocontrollo e ha sostituito il libretto sanitario.
L'HACCP si realizza nella redazione di un piano

di autocontrollo. Ogni dipendente che manipola alimenti deve aver conseguito un attestato HACCP, mentre deve essere presente nel nostro locale un responsabile HACCP che avrà il compito di redigere il manuale, ovvero il piano di autocontrollo. Nel redigere un piano si descrive il controllo che si compie su diversi aspetti della preparazione e della somministrazione di alimenti e bevande, bisogna individuare quali sono i punti critici ovvero quelli che possono mettere a repentaglio la salubrità dei prodotti offerti. Nella redazione del manuale scriveremo la tipologia di controllo che effettueremo: pulizia, smaltimento rifiuti, temperatura conservazione alimenti etc.

Potremmo essere soggetti a controlli da parte dell'ASL , il cui ispettore chiederà di verificare il manuale redatto e le schede di controllo che lo compongono, potremmo incorrere, in caso di inottemperanza a multe o a disposizione di modifica del nostro manuale e dei controlli da effettuare.

Il corso che dovremo frequentare per conseguire l'attestato di responsabile HACCP dovrà trattare indicativamente i seguenti argomenti:

- sistema HACCP (compiti e funzioni);

- importanza del controllo visivo;

- importanza della verifica della merce immagazzinata e importanza della sua rotazione;

- norme igieniche basilari per la lotta agli insetti e ai roditori;

- valutazione e controllo delle temperature e del microclima;

- argomenti di microbiologia alimentare;

- nozioni di chimica merceologica, di chimica e di fisica;

- igiene delle strutture delle attrezzature e di igiene personale;

- approfondimenti sul quadro normativo;

- gestione delle risorse umane;

- relazione con i vari soggetti coinvolti nel processo alimentare.

Siae e musica: l'organizzatore di spettacoli o intrattenimenti, così come l'esercente che

intenda attivare un servizio di musica d'ambiente nel proprio locale (con qualsiasi mezzo), deve rivolgersi alla struttura SIAE competente per il territorio al fine di ottenere il Permesso Spettacoli e intrattenimenti o per stipulare l'abbonamento per la musica d'ambiente.
Le tariffe applicate dalla SIAE sono concordate con le associazioni di Categoria degli utenti rappresentative a livello nazionale.

Per il trattamento tariffario vi sono tre categorie:

Spettacoli: negli spettacoli il pubblico ha ruolo passivo e la musica è elemento essenziale dell'evento.
La tariffa applicata per diritto d'autore è di circa il 10% sugli introiti conseguiti dall'organizzatore dello spettacolo.

Intrattenimenti: negli intrattenimenti il pubblico ha un ruolo di partecipazione, per esempio l'attività danzante.
La tariffa applicata è analoga a quella degli spettacoli.

Musica d'ambiente: si tratta della diffusione della musica in esercizi pubblici con radio, televisioni, cd, dvd, etc. In questi casi la musica è un servizio accessorio a quelli normalmente resi dal locale. La tariffa applicata consiste in abbonamenti annuali o periodici, con compensi che tengono conto del tipo di apparecchio utilizzato e della tipologia di locale.

Normative inerenti il mercato del lavoro: assumere dipendenti. Se il nostro non è un bar molto piccolo dovremo necessariamente avvalerci di collaboratori. Oggi è possibile assumere dipendenti inoltrando un'unica comunicazione destinata ai centri per l'impiego. Stando alle nuove norme, in vigore dal 1° gennaio 2007, la comunicazione unica deve essere fatta entro il giorno precedente l'instaurazione del rapporto di lavoro, quindi prima dell'assunzione. La comunicazione unica deve essere inoltrata per via telematica.
Con la stipula del contratto di lavoro si instaura ufficialmente il rapporto di lavoro, indipendentemente della data d'inizio dell'attività lavorativa, questa può essere fissata anche in un periodo successivo. Gli elementi essenziali del contratto devono essere comunicati al dipendente tramite lettera di assunzione, la firma dell'interessato è obbligatoria per ricevuta.

Vediamo in sintesi le fasi da seguire per un assunzione: una volta che abbiamo trovato tramite annuncio la figura professionale richiesta dobbiamo recarci, il giorno precedente quello dell'inizio della prestazione lavorativa, al centro per l'impiego di competenza (il più vicino), dove compileremo online con l'aiuto di un addetto (è possibile fare da soli scaricando da internet appositi moduli), la comunicazione ufficiale di assunzione. La data di assunzione coincide con la data di iscrizione del lavoratore nei libri obbligatori. Nel caso in cui non segua effettivamente l'instaurazione del rapporto di lavoro occorre darne immediata notizia al Centro per l'Impiego competente entro i 5 giorni successivi.

In caso di urgenze per esigenze produttive o per cause di forza maggiore la comunicazione parziale deve avvenire entro il giorno antecedente la prestazione, mentre i dati completi devono essere comunicati entro cinque giorni).

La comunicazione deve contenere i seguenti dati:

- dati anagrafici del lavoratore;

- data di assunzione;

- data di cessazione (salvo il caso di tempo

indeterminato);

- qualifica professionale;

- trattamento economico e normativo applicato ove indicare il CCNL applicato e il relativo inquadramento nel livello retributivo in base alla qualifica professionale;

In caso di cessazione dell'attività lavorativa è d'obbligo la comunicazione entro cinque giorni (dall'evento) sempre al Centro per l'impiego.

Al dipendente consegniamo una copia della comunicazione effettuata al Centro per l'impiego.

Prepariamo un contratto di lavoro, tutti gli studi di consulenza hanno dei fac simile a cui basta cambiare solo alcuni dati e consegniamolo al dipendente entro 5 giorni dall'assunzione. Ci sono anche appositi programmi per computer che dopo aver inserito i dati richiesti creano il contratto cartaceo. Nel contratto, per valutare la professionalità del dipendente, possono essere inclusi dei giorni di prova. Al termine di questi il licenziamento può essere giustificato solo per giusta causa o giustificato motivo.

Sarà obbligo del datore di lavoro compilare il

libro Unico del Lavoro del dipendente assunto con tutti i dati richiesti (dati anagrafici, qualifica, livello, etc) e secondo le modalità previste dalla legge:

- a elaborazione e stampa meccanografica su fogli mobili a ciclo continuo;

- a stampa laser;

- su supporti magnetici.

A prescindere dal metodo che si sceglie per la tenuta del Libro Unico è sempre necessario che, in fase di stampa, venga attribuita a ciascun foglio del Libro Unico una numerazione sequenziale (dovranno essere conservati anche i fogli deteriorati o annullati)

Normative riguardanti l'occupazione del suolo pubblico: se vogliamo dotare il nostro locale di un piccolo spazio all'aperto, un dehor o semplicemente dei tavoli con sedie, dovremo pagare la TOSAP. Per occupare il suolo pubblico è necessario richiedere un'autorizzazione o concessione al Comune di competenza, anche nel caso in cui l'occupazione sia, per legge, esente dal tributo.

La TOSAP è la tassa dovuta da chi occupa il suolo o aree pubbliche anche temporaneamente. Le occupazioni di aree pubbliche sulle quali si paga la TOSAP possono essere permanenti quando hanno carattere stabile con durata non inferiore all'anno e temporanee quando hanno durata inferiore all'anno (es: traslochi, banchetti, mercati, ecc...).

La tassa si applica alle occupazioni riguardanti gli spazi sovrastanti il suolo pubblico, agli spazi sottostanti il suolo stesso, alle aree private sulle quali risulta costituita una servitù di pubblico passaggio e infine ai tratti di strade statali o provinciali che attraversano il territorio comunale.

Normative riguardanti la tassa sui rifiuti e lo smaltimento: la maggioranza dei comuni italiani si basa sulla raccolta differenziata, ovvero lo smaltimento dei rifiuti secondo una precisione suddivisione. Con la nostra attività dovremo pagare un tassa per lo smaltimento chiamata Tares, vincolata alla tipologia di attività, alla grandezza di questa e quindi alla produzione media di rifiuti. L'entrata in vigore effettiva del nuovo tributo sui rifiuti che sostituisce Tarsu, Tia1 e Tia2, è stata più volte rinviata, fino all'adozione del D.L. n. 35 del 2013. Per ciò che riguarda le modalità di pagamento del tributo i comuni inviano ai contribuenti i modelli per il pagamento.

Normative riguardanti la sicurezza sui luoghi di lavoro: La sicurezza nei luoghi di lavoro consiste in tutte quelle misure preventive da rispettare, al fine di garantire ai lavoratori un luogo di lavoro sicuro e sano, onde evitare infortuni sul lavoro e malattie professionale. Devono adeguarsi tutte le aziende pubbliche e private con lavoratori dipendenti.

Il datore di lavoro deve garantire la salute e la sicurezza dei lavoratori è inoltre suo compito:

- verificare che vengano osservate le misure generali di tutela e rispettate le norme sull'igiene e la sicurezza dell'ambiente;

- istituire il Servizio di Prevenzione e Protezione aziendale e designare il suo responsabile egli addetti;

- designare i lavoratori incaricati del pronto soccorso, dell'antincendio, e gestione dell'emergenza con adeguata formazione;

- nominare il medico competente;

- informare i preposti, i lavoratori e il rappresentante dei lavoratori per la sicurezza;

- consultare il rappresentante dei lavoratori nei casi previsti;

- effettuare la valutazione globale di tutti i rischi presenti in azienda (compresa l'analisi del carico di lavoro);

- elaborare il documento di valutazione dei rischi, le misure di prevenzione e il programma per la loro attuazione considerando tutte le tipologie di rischio;

- convocare una riunione periodica informativa;

In Italia la salute e la sicurezza sul lavoro sono regolamentate dal Decreto Legislativo n. 81 del 9 aprile 2008, anche noto come Testo unico in materia di salute e sicurezza sul lavoro.

CAPITOLO 9: I FORNITORI

Per approvvigionare i prodotti che vi servono per il vostro bar potete avvalervi di fornitori o recarvi presso un Cash and Carry: un supermercato che vende prodotti food e no food all'ingrosso. Uno dei maggiori Cash and Carry è Metro. Metro oltre ad offrire promozioni sui prodotti venduti offre utilissimi servizi come la consegna a domicilio. Se invece vogliamo affidarci a fornitori dovremo concordare con questi i quantitativi di consegne, i giorni in cui avvengono e il prezzo, che solitamente sarà maggiore di quello Cash and Carry.

Quando riceveremo la merce dal grossista sarà nostro compito verificare la quantità ricevuta in base all'ordine e a campione la data di scadenza dei prodotti (oltre ad altri aspetti igienici e sanitari di cui vi parlerò più avanti). Su grosse forniture possiamo ottener sconti interessanti, ma non sempre vale la pena riempire inutilmente il magazzino e spendere denaro che potremmo investire in altro modo.

Nella scelta dei fornitori sarà nostro obbligo rivolgersi a fornitori che operano nel rispetto del sistema HACCP. E in un manuale HACCP ottimizzato dovrebbero essere inclusi dei controlli sui nostri fornitori. Quando riceviamo la merce assicuriamoci di controllare anche l'integrità dell'imballaggio, la temperatura della cella frigorifera del mezzo di trasporto e a campione le qualità organolettiche dei prodotti (sapore e odore).

La merce deve essere velocemente depositata negli appositi magazzini o frigoriferi.

In commercio esistono appositi software per la gestione dei fornitori che possono esserci di grande aiuto.

CAPITOLO 10: PROMOZIONE E PUBBLICITA'

Avete aperto il vostro bar, siete ubicati in un ottima posizione di forte passaggio veicolare o pedonale, il vostro bar è arredato bene e i prodotti che offrite si diversificano da quelli della concorrenza. Avete inaugurato il vostro locale nel migliore dei modi ma nei giorni successivi il volume di clienti resta molto basso, al di sotto, comunque, di ogni vostra previsione. La pubblicità è l'anima del commercio e senza una buona e congegnata promozione la maggioranza dei bar non riuscirebbe ad incrementare il proprio giro d'affari, almeno nei primi mesi d'attività.

Se volete che il vostro bar riscuota successo è inevitabile avere dei punti di forza rispetto ai concorrenti: questo aspetto doveva essere delineato nella redazione del Business Plan. I punti di forza della vostra attività dovranno essere il fulcro della vostra pubblicità.

Divideremo la pubblicità in quattro tipologie:

- attraverso il locale;

- attraverso i mass media;

- attraverso il volantinaggio;

- attraverso il web.

- attraverso contatti telefonici.

Non dobbiamo scegliere una tipologia di promozione a discapito delle altre: dobbiamo utilizzarle tutte insieme. Una scarsa o inefficiente pubblicità decreterà, nel medio e lungo termine, il fallimento della nostra iniziativa imprenditoriale.

Pubblicità attraverso il locale: quando un pescatore esperto si reca a pescare sa quali esche deve utilizzare per catturare i pesci che desidera, allo stesso modo noi dobbiamo sapere quali "esche" utilizzare per convincere i passanti ad entrare nel nostro locale a consumare e quindi, a fidelizzare i clienti ottenuti. Quale prodotto ci differenzia dagli altri bar? Perché un cliente dovrebbe entrare nel nostro locale anziché in quello situato a 100 metri dal nostro?

Semplicemente, dobbiamo attirare un cliente con un prodotto diversificato e ricercato, qualcosa che ci renda diversi dai nostri concorrenti. Se abbiamo dei prodotti di pasticceria eccellenti e ricercati sarà nostro compito esporli in un'ampia vetrina, se offriamo differenti miscele di caffè esporremo quelle. I bar che fatturano molto con gli happy hour per invogliare i clienti allestiscono il banco del buffet in prossimità della loro vetrina più ampia, in modo che il cliente possa valutare un eventuale ingresso, o meno, nel bar. Ricordiamoci che vista e olfatto hanno un' influenza notevole sulle persone. Fate capire ai vostri clienti la qualità dei prodotti che stanno consumando. Organizzare delle serate a tema è un ottimo metodo per attirare clienti per gli happy hour, attraverso l'affissione di locandine all'interno del locale e di distribuzione volantini pubblicitari (depositati sul bancone) per pubblicizzare la serata può aiutare molto.

Fatevi conoscere anche dai dipendenti degli uffici e delle aziende della zona e dai dipendenti di banche e negozi attraverso il volantinaggio o attraverso alcuni piccoli omaggi in consumazioni.

Pubblicità attraverso i mass media: quotidiani, radio e televisione possono permettere di raggiungere un vasto target di pubblico. Un articolo sul quotidiano locale sull'apertura del vostro nuovo locale può servire tantissimo. Anche la pubblicità presso una radio locale può essere utili a fini di promozione. La pubblicità su canali televisivi locali può essere più costosa ma altrettanto efficace.

Pubblicità attraverso il volantinaggio: potete affidarvi a specifiche agenzie che curano il volantinaggio nelle zone da voi indicate. I volantini nelle caselle postali dei residenti in un'area limitrofa al locale rappresentano un'ottima strategia pubblicitaria. Se organizzate serate a tema per happy hour potete optare anche per pubblicità di PR che, consegneranno in questo caso, i volantini in zone vicine contraddistinte da elevato passaggio pedonale. Evitate di mettere i volantini sulle auto in sosta, vi farebbero apparire troppo invadenti e poco rispettosi delle persone.

Pubblicità attraverso il web: internet è nel ventunesimo secolo uno dei più potenti mezzi pubblicitari esistenti, privarsene significherebbe rinunciare ad una buona fetta di guadagni. Pubblicizzeremo il nostro locale attraverso un sito o un blog, un profilo sui maggiori Social

Network e con efficaci campagne a pagamento mediante Google Adwords.

Vi consiglio di leggere l'ebook o libro di Davide Balesi "Dalla sconfitta all'opportunità" in cui sono spiegate ampiamente le strategie di marketing da utilizzare su internet.

Per pubblicizzare al meglio il tuo locale dovrai necessariamente creare un sito o un blog. Non hai bisogno di acquistare un dominio, potrai utilizzare i reindirizzamenti, ovvero gli spazi gratuiti che altri siti offrono (domini di terzo livello).
Potete creare un blog con Google Blogger o un sito con il comodissimo Oneminutesite.
Con oneminutesite anche le persone meno esperte potranno creare, utilizzando modelli prefissati, un semplice sito di un bar. Sul sito o sul blog mettete in home page la storia del locale, una sezione con le foto dei locali o dei prodotti, una con le serate e una con i contatti. Nei contatti mettete, oltre ad un indirizzo email, anche il profilo Twitter e Facebook.

Google Adwords è uno dei più efficienti mezzi pubblicitari di tutto il web ed è fornito dal sito www.google.it. Ma attenzione: essendo pubblicità a pagamento può risultare un mezzo pubblicitario parecchio oneroso!

Adwords si basa su annunci e clic di visitatori, ovvero quando un navigatore effettua una ricerca su Google con una determinata parola chiave, visualizzerà in cima a tutta la lista dei risultati gli annunci Adwords. L'estrema efficacia degli annunci sta nel fatto che sono mirati alla ricerca dell'utente.
L'inserzionista paga una quota ogni volta che un utente clicca sul suo annuncio e quindi viene rimandato alla pagina di vendita del prodotto.
Per non spendere grosse cifre e avere dei risultati apprezzabili in termini di vendite bisogna ottimizzare le proprie campagne pubblicitarie.

Create un profilo Facebook e uno sul social network Twitter. Su Facebook dovrete necessariamente creare un profilo personale con i tuoi dati anagrafici o per policy del sito rischiate la cancellazione, poi in seguito creerete, attraverso l'indirizzo https://www.facebook.com/pages/create/ una pagina fan del vostro locale, selezionate "Impresa locale o luogo" e scrivete quindi la tipologia d'impresa, il nome e l'ubicazione. Una volta creata la pagina fan dovremmo mettere un'immagine di profilo e una per la copertina, ovviamente per quella del profilo utilizzeremo il logo del nostro bar, come copertina una foto del locale. A questo punto inviteremo tutti i nostri contatti a mettere "mi piace" sulla nostra nuova pagina. Ogni volta che posteremo una notizia riguardante il nostro bar, tutti coloro che hanno cliccato mi piace, la visualizzeranno.

Su Twitter creiamo direttamente un profilo con nickname il nome del bar e postiamo, come "tweet" (equivalenti al nostro "stato di Facebook), le novità inerenti il locale e le serate, se le organizzeremo.

Pubblicità attraverso i contatti telefonici:
potete chiedere ai vostri clienti abituali di lasciarvi il loro numero di cellulare per spedire settimanalmente, via sms, particolari novità riguardanti il locale, come serate a tema o particolari menù proposti. Fate attenzione, al fine di non commettere reato, di fare firmare una delibera sulla privacy.

Vi consiglio, al fine di approfondire l'aspetto della pubblicità sul web, di leggere l'ebook o libro di

Davide Balesi <u>"Dalla sconfitta all'opportunità"</u> in cui sono spiegate ampiamente le strategie di marketing da utilizzare su internet.

Giunti al termine di questa guida non ci resta che augurarvi buona fortuna per l'apertura del vostro bar.

Venite a vedere tutti gli ebook e i libri di formazione della Lifelace Editions al seguenti indirizzo: <u>www.edizionilifelace.it</u> .

Davide Balesi

Amerigo C.

###